Schlaflos brennen die Wörter

T V Z

FRANK WORBS (HG.)

Schlaflos brennen die Wörter

Aargauer Geschichten zur Reformation

TVZ
Theologischer Verlag Zürich

REFORMIERTE LANDESKIRCHE AARGAU

Der Theologische Verlag Zürich wird vom Bundesamt für Kultur mit einem Strukturbeitrag für die Jahre 2016–2018 unterstützt.

Bibliografische Information der Deutschen Nationalbibliothek
Die Deutsche Nationalbibliothek verzeichnet diese Publikation in der Deutschen Nationalbibliografie; detaillierte bibliografische Daten sind im Internet über http://dnb.dnb.de abrufbar.

Umschlaggestaltung und Layout
Mario Moths, Marl

Druck
Westermann Druck Zwickau GmbH

ISBN 978-3-290-18142-0

www.tvz-verlag.ch

Inhalt

Christoph Weber-Berg: Zum Geleit 7

Sibylle Ciarloni: Samson 11

Hansjörg Schertenleib: Das Unwetter 21

Ulrich Knellwolf: Szenen einer Scheidung 29

Markus Kirchhofer: pädagogisch-reformiert 45

Max Dohner: Schlaflos brennen die Wörter 49

Martin R. Dean: Wie sieht dein Gott aus? 61

Claudia Storz: Quasimodo – Tumult in Genf 69

Urs Faes: Von der Wartburg ins Tal der Suhre 103

Bettina Spoerri: «... das yeder gloub, was er wöll.» 113

Klaus Merz: Nach Seinem Bilde 121

Michel Mettler: Blendendes Licht 123

Barbara Schibli: Gerettete Pietà 139

Margrit Schriber: Das grosse G 149

Jörg Meier: Die Güllenprozession 167

Autorinnen und Autoren 176

Bildnachweise 184

Zum Geleit

Christoph Weber-Berg, Präsident des Kirchenrats der Reformierten Landeskirche Aargau

Der heutige Kanton Aargau ist wenig bekannt für besonders grosse Ereignisse oder Persönlichkeiten im Zusammenhang mit der Reformation. Die Badener Disputation von 1526 war zwar ein wichtiger Schritt auf dem Weg zur Reformation in Bern, zu deren Herrschaftsgebiet damals ein grosser Teil des heutigen Aargau gehörte. Aber sie endete – nach Punkten – mit Vorteil für die Katholiken. Heinrich Bullinger brach zwar aus Bremgarten auf, um in Zürich Zwinglis Nachfolge anzutreten und nach dessen Tod die Reformation zu konsolidieren. Doch er bleibt als Zürcher Reformator in Erinnerung.

Wie kam die Reformation in den Aargau? Welche Spuren haben die Jahre des tiefgreifenden weltanschaulichen Umbruchs im 16. Jahrhundert hinterlassen? Welche Auswirkungen hatte die Reformation auf das Leben der Menschen damals und im traditionell gemischt konfessionellen Aargau bis heute?

Der Aargauische Blick auf die Reformation ist ein Blick «von unten». Ein anekdotischer Blick auf die kleinen Ereignisse und auf die Erlebnisse von Menschen, die in Geschichtsbüchern nur am Rande erwähnt werden. Diesen Spuren ist der Historiker Markus Widmer Dean nachgegangen, indem er Berichte über längst vergessene Ereignisse recherchiert und zusammengetragen hat.

Inspiriert von diesen Aargauer Reformationsgeschichten oder generell vom Gedankengut der Reformation haben 14 namhafte Schweizer Autorinnen und Autoren auf Einladung der Reformierten Landeskirche Aargau Texte in ihrer eigenen Sprache, in ihrem eigenen Stil verfasst: Gedichte, Prosa, Theater.

Es ist nicht nur der Glaube an die Kraft der Worte, der Literaturschaffende mit reformierter Theologie und Kirchlichkeit verbindet. Oft sind es die kulturellen Unter- und Zwischentöne des Erzählten oder poetisch Gesetzten, die erkennen lassen, was für spezifisch reformiert gehalten wird. Was vorliegt, ist ein reiches Bild künstlerischer und literarischer Auseinandersetzung mit konfessioneller Geschichte, mit dem, was der Glaube den Menschen bedeuten kann und was reformierte Identität heute noch ausmacht.

Im Namen des Kirchenrats der Reformierten Landeskirche Aargau danke ich den Autorinnen und Autoren, dass sie sich von unserer Idee inspirieren liessen und uns Einblick schenken in ihre Sicht auf die Wirkungen der Reformation in unserem Kanton und darüber hinaus.

LEO PAPA X

Forma plenarie absolutionis premissa confessione.

Sibylle Ciarloni

Samson

Im August 1518 reiste Bruder Bernardinus Sanson, apostolischer Kommissär, Gesandter von Papst Leo X., ins Gebiete der Helvetier genannten Eidgenossen. Es umfasste damals 12 Kantone und einige zugewandte Orte. Der sogenannte Samson alias Bernardino Sansoni, in den Archiven Bernhardin Sanson, war Ablassprediger. Bis Mitte Februar 1519 erhielt er noch in allen Kirchen Einlass und verkaufte die «Beichtbriefe für die Zukunft» erfolgreich unter den Eidgenossen.

In Lenzburg wurde er zum ersten Mal aufgehalten.

Dies ist das Plädoyer, das er vor Johannes Fry, Pfarrer auf dem Stouffberg, Magister und Universalgelehrter, und vor den Leuten von Lenzburg und Umgebung gehalten haben könnte.

Februar 1519, Viehmarktplatz Lenzburg

Verehrter Johann Fry, Magister und Universalgelehrter, Pfarrer auf dem Stouffberg in der Kirche St. Niklaus! Ihr Sünder und Christgläubige von Lenzburg!

Lasst mich heute mittels dieser Rede, übersetzt von meiner treuen Zunge Lupulus – nur er von uns beiden der helvetischen Laute mächtig, ich pflege das Lateinische wie Ihr, Ebenbürtiger! – an Euch und Eure Christgläubigen, die hier versammelt sind, herantreten. Mein Geist wird Euch durch meine Sprache erreichen, denn mein Leib und die Gnade, die ich bringe, werden trotz päpstlicher Weisungen angehalten. Ich hätte Ross und Wagen und käme auf den Stouffberg, sähe ich nicht ungern bei der Gelegenheit die jüngste Glasmalerei in Eurer Kirche St. Niklaus, auch wenn sie niemals an die Kunst herankommt, die gerade jetzt Tag für Tag in Rom entsteht, denkt an die Basilica Sancti Petri, an die Capella Sistina! Bescheiden sei der Stil von St. Niklaus allgemein und ebenso in der Ausschmückung, sagte mir ein Müller aus Eurer Stadt, der mich in Solothurn besucht hat.

Sie hat allerdings etwas Gutes, meine ich, diese Bescheidenheit! Hier lässt man dem Menschen Zeit, zu werden, ohne ihn durch Schönheit unnötig zu demütigen oder dass er gar beim Hinaufschauen neidvoll zusammenbrechen müsste und ob all der Pracht die Augen danach für immer zu schliessen sich entschlösse. Die Helvetier, unsere geliebten Brüder und Hüter der Freiheit der Kirche, hatten schon immer den Hang zur Bescheidenheit in der Adoration. Der Hang zur Tatkraft ist von ihnen eher bekannt. Darauf will ich noch zu sprechen kommen!

Ich hätte auch noch genügend Beinkraft, um den Weg zu Fuss hinter mich zu bringen. Doch Ihr lasst mich hier unten auf dem Viehmarkt warten und zu Euch reden und mit meinem Tross der Dinge harren. Wisst Ihr, was es kostet, mich hier stehen zu lassen und Euer Kirchlein auf dem Stouffberg nur aus der Ferne zu sehen? Ihr habt mir durch diesen Bürger – Fredi nannte er sich, mit Eilbote der Kirche brüstete er sich – das Betretungsverbot überbringen lassen. Dass ich als Abgesandter von dieser einzigen, unica e sola Chiesa Cattolica e Apostolica, die auch Ihr in jeder Messe verehret, nicht vorgelassen werde, kann ich nicht für wahr nehmen.

Lasst mich doch immerhin in der Schlosskapelle predigen oder in der Kapelle an der Ringmauer!

Seht, ich meine es gut. Der Papst himselbst und unfehlbar, wie Ihr wisst, hat mich beauftragt und zu den Helvetiern geschickt. Als Commissario della Santa Sede erfülle ich die Funktion eines demütigen Kassiers. Ich bin hier für die Gnade und den Einzug der Gelder. In diesem Auftrag sind wir zu vielt unterwegs in allen Ländern, auch in den Ländern der Habsburger, der Magyaren, in Böhmen und in Polen.

Ja, Ihr wisst es doch selbst, der Mensch kann beten. Gelernte lateinische Gebete kann er aufsagen. Hoffen kann er, dass sie erhört werden. Den Sinn dieses Tuns erfährt er aber nie. Nur sein Gewissen kann ihm zeigen, wenn er richtig handelt. Wie weiss er aber nun, was richtig und was falsch ist? Wenn er über seine Werke und sein Tun Rechenschaft ablegt, dann weiss er es! Spätestens nell'ora della sua morte erkennt er es. Ich bringe den Menschen im Auftrag von Papst Leo dem Zehnten seines Amtes, einem Löwen gleich seine Kraft – ach, ich schweife ab! – nämlich die Gewissheit über Gottes Gnade durch den Erwerb eines Ablassbriefs. Was gibt es Barmherzigeres, als diesen grosszügigen und einfachen Dispens von der Busse?

Das frage ich Sie!

Und ich möchte gleich noch anfügen: Die Preise sind gerecht! Ich nehme alle Währungen. Niemand Unbedarftes muss einem Wechselschwindler in die Arme laufen. Wisst Ihr, der Ablassbrief ist kein obligatio. Doch wer Gewissheit haben will und muss – und das sind viele, Vorderige und Jetzige, gloubet mir, Pfarrer Fry, gloubet mir! – der möge kommen in aller Freiheit und bei mir Gottes Gnade seinen Mitteln entsprechend erwerben; für sich selbst, seine Familie und die Vorderigen, deren Seel nur auf diese Weise aus dem Fegefeuer entlassen werden können! Ja, die Seel der Toten, die der Mensch, der noch in der Zeit lebt, mit einem Brief erlösen kann, fahren hoch in den Himmel hoch! Ich kann sie sehen! Und wie content sie sind! Pfarrer Fry, wie content sie sind!

Der Mensch arbeitet nicht der Arbeit willen, sondern um Güter zu verkaufen oder seine Mannskraft. Unsere geliebten helvetischen Brüder haben dies in vergangener Zeit in vielen Kriegen gezeigt. Der Mensch braucht aber, um zu leben und Gelüste zu befriedigen, eine Einkunft. Batzen, Gulden, Kronen, Scudi, Liber, Schillinge, Thaler, Pfund, Heller und Dukaten – whatever you want. Versteht Ihr mich, wenn ich so rede mit Euch? Angelsächsisch anstelle dieses barbarischen elvetico alemanno? Dieses Bedürfen, also die Gelüste, führen so manchen in einen Hinterhalt, aus dem er sich nach seinen Möglichkeiten befreit und jene sind nicht immer über alle Zweifel erhaben. Er befreit sich zum Beispiel per Handschlag, der ihm die Ehre kosten kann. Vom Verlust der Würde sprechen wir gar nicht. Auch ist nicht jedem ein wohlmeinendes Elternhaus beschieden. Et voilà – um es mit den Franzosenlauten zu sagen – schon passieren Sachen!

Der Mensch bleibt für gewöhnlich im Werden gefangen, er kommt nicht voran, da er den Geist nicht aktiviert, um mit Gott Kontakt aufzunehmen. Ein jeder, der nicht willens ist, zu reflektieren, bevor er handelt, wird also früher oder später ein Fall für die Gnade. Auch kann ein sündiger Gedanke, der einmal gedacht wurde, nicht zurückgenommen werden! Ohne Unterschied in Geschlecht oder Stand, gerät der Mensch in Versuchung – und sei es bloss in Gedanken!

Die Gnade unserer Kirche zu erlangen ist einfach. Der Mensch bereut, bekennt, beichtet und die Busse wird seine

Seel retten. Doch eine Gnade, die gratis ist, ist keine Gnade. Gewissheit über die Erlösung von der Schuld kann erlangen, wer bei mir vorspricht und einen Brief erwirbt. Das Geld werden wir gewiss gewinnbringend anlegen.

Euch als Astronomen und universalgelehrten Theologen muss ich dazu zwar gar nichts weiter erläutern, aber ich sage es für die Leut hier: Gewissheit ist Sicherheit und Sicherheit ist in der heutigen Zeit wichtig, da der Halbmond nicht am Himmel wartet, sondern in unseren abendländischen Wappen anschwellen will. Und unsere Basilika wird auch prächtig. Euer Wallfahren wird sich in Zukunft lohnen!

Gottes Gnade ist nicht willkürlich. Er schaut genau hin! Und ich bin sein Kanal. Durch mich und mit mir und dank mir und in mir gelangen die Menschen zu der ersehnten Gewissheit. Glouben, erkennen, das aufrichtige Bedouern – poenitentia interna! Ja! – und die Beichte allein genügen nicht. Auch eine Wallfahrt ist nicht genug des Busswerkes. Nie hat man genug gebüsst, um seine Aufrichtigkeit wieder zu erlangen. Meine Briefe aber kann sich jeder leisten. Ich schenke den Leuten einen Neuanfang, Reinheit, Zuversicht, Aufrichtigkeit. Ich erlasse ihnen die Busse, die sie tun müssten, um die Strafe zu sühnen. Das ist alles. Und seht, es kostet die Armen wenig und die Reichen viel. Das ist Gerechtigkeit, die Gerechtigkeit unseres barmherzigen Gottes. Wer tut, was man ihm sagt, dem versaget Gott die Gnade nicht.

Naturalmente gibt es Ausnahmen, Strafen für Sünden, von denen man sich nicht per Ablassbrief entledigen kann. Das sind Anschläge gegen das Leben der Päpste, Bischöfe und Prälaten, Fälschungen päpstlicher Bullen und Schreiben und ebenso der Handel von Munition und Waffen mit Heiden.

Johann Fry, gloubet mir! Mein Ruf ist ausgezeichnet, meine Erfahrungen als Vertreter des Heiligen Stuhls, seit nunmehr dreizehn Jahren von den Helvetiern bewacht, sind gross. Ich besitze die Vollmacht, ich gehöre zu einem armen Franziskanerorden, der es gut meint mit dem Volk. Ich nehme auch Rösser, Legate oder Silbermünzen gegen den Ablassbrief, jeder soll bezahlen, wie er kann.

Lasst mich zum Schlusswort kommen.

Überall erhielt ich Einlass, sogar in Bern. Über den Gotthard bin ich letzten Sommer zu Euch geliebten Brüdern gereist. Auf dem Hospiz gab man mir hartes Brot zu essen und kaltes Gletscherwasser zu trinken. In Uri gab man mir Wurst und Bier und erzählte mir vom Teufel in der Schöllenenschlucht. Mit grösster Dringlichkeit besiegelte ich die ersten Briefe, dann auch im Flecken Schwyz, in der Stadt Zug. In Luzern und in ganz Unterwalden bin ich umhergereist und überall wurde ich empfangen und erhielt Einlass. Dann reiste ich ins Berner Oberland. In Bern selbst habe ich Einlass gekriegt, wenn auch erst nach einiger Zeit. Seht, Pfarrer Fry, auch die Solothurner habe ich später mit Ablassbriefen beglücken können. Mir ist dankbar die ganze Stadt, a majore usque ad minimum! Meine Kisten sind voll. Das ist der Beweis für die Bedürfnisse, auch der Helvetier, die ja, nebenher bemerkt, ihre eigenen Söhne als Söldner verkaufen! Aber Gott vergelt's. Gott vergelt's, es ist für einen guten Zweck!

Ich bin sicher, wir sind uns einig Pfarrer Fry, wenn wir gemeinsam auf die Realität schauen. Der Mensch sündigt, weil er seiner Natur zuliebe handelt und nicht nach Gottes Vorbild fromm und genügsam ist. Nein! Danach braucht er die Erlösung von seiner Schuld, die Gnade Gottes. Ich bringe den Menschen die Gewissheit über die Gnade! Das sagte ich schon, ich weiss! Doch ich habe die Vollmacht, jeden, der sich meinem Auftrag entgegenstellt, mit Exkommunikation aus der Kirche zu weisen, zu verbannen, verzubannen, zu bannen. Herrgott! Das könnt Ihr nicht wollen, odr?

Ihr seht, Würdevoller, Rom meint es nicht nur gut, sondern auch ernst.

Sähet Ihr alle, die Ihr hier steht, die Seelen, wie sie erlöst zum Himmel steigen, sähet Ihr die Augen der noch in der Zeit Lebenden! Hörtet Ihr die Steine, die von den sündigen Herzen fallen, wenn die Leut mir für den Erlass der künftigen Strafen danken und mir meinen Ring küssen!

Wir sind uns doch einig, Pfarrer Fry, dass die Gnade die Erlösten von den Verdammten unterscheidet?

Lasst mich St. Niklaus betreten und meine Pflicht erfüllen. Ich bitte um Einlass. Noch einmal bitten werde ich nicht. Wenn Ihr mich nicht erhöret, so werde ich nach Baden ziehen. Dort erwarte man mich schon lange!

Und hört nicht auf Anshelm, den Einsiedler Zwingli und den Bullinger mit Konsorten. Gloubt mir, ich bringe die Gewissheit über die Gnade. Das ist das, was die Menschen brauchen. Auch unsere geliebten Brüder und Schwestern in Helvetien brauchen sie und auch Ihr, Leute von Lenzburg und Umgebung!

Mit Inbrunst auf Ihre Zusage hoffend,
Ich, Bernardino Sansoni, genannt Samson,
von Mailand, im Franziskaner Orden der Minoritenbrüder von der Observanz, bevollmächtigt durch den Abt Christophorus zu Forlì, ermächtigt durch die Bulle von unserem Papst Leo X., erlassen zu Rom bei St. Peter zu Gunsten der Bauarbeiten und Malereien für die Basilika des Apostelfürs-

ten Paulus und für den erfolgreichen Kampf der Christenheit gegen den Halbmond!

Samson zog unverrichteter Dinge von Lenzburg nach Baden, wo er täglich in einer Prozession nach der Messe auf dem Kirchhof den Ablass verkündete. Die Leute kamen, doch er wurde auch verspottet. Ein Mann stieg auf das Dach der Kirche, von wo er einen Sack mit Federn ausschüttete und auf den Prediger schneien liess. Dabei rief er Ecce Volant! Ecce Volant! Seht, wie sie zum Himmel steigen! Gemeint waren die Seelen der Verstorbenen, die nach dem Kauf eines Ablassbriefs durch ihre Nachfahren angeblich aus dem Fegefeuer in den Himmel steigen.

Auch in Baden blieb er deshalb nicht sehr lange. Er zog nach Bremgarten, wo ihn Bullinger erwartete und fortschickte. Er gelangte nach Zürich, wo ihn Zwingli abwies. Auch die Tagsatzung verbot ihm schliesslich den Ablasshandel.

Mit einer Bulle vom 1. Mai 1519 rief ihn Papst Leo X. zurück in die Heimat. Man sagt, er sei über Graubünden wieder nach Italien gereist. Danach fehlen Angaben über sein Leben. Lupulus, oder besser Heinrich Wöflin, sein Übersetzer, besuchte Sansoni in Mailand, um von ihm für seine Wallfahrt nach Jerusalem ein Empfehlungsschreiben zu erhalten.

ZU DEN PERSONEN

Samson: Bernardino Sansoni, Mönch und 18 Jahre Ablassprediger. Im heutigen Italienischen wird der deutsche Name Samson mit Sansone übersetzt. Es kann sein, dass der Mönch diesen Namen als Übernamen bekommen hat, es kann sein, dass es ihm gelegen kam, so zu heissen und dass er sich mit der Legende des nahezu unbesiegbaren Samson gebrüstet hat.

Lupulus: Heinrich Wölflin war Chorherr und Dichter, Schriftenmaler und Drucker in Bern. Er war der Übersetzer von Sansoni.

Hansjörg Schertenleib

Das Unwetter

Die Zeit nach Mitternacht ist ihm die liebste, um Gedanken zu Faden zu schlagen, die ihm keine Ruhe lassen. Die Lichter in den Häusern sind erloschen, die Menschen schlafen oder liegen doch in ihren Betten. Die Stille, die über Dorf und Tal steht, zeigt ihm an, dass das geschäftige Treiben der Seelen, die ihm anvertraut worden sind, stillsteht und ruht, zumindest bis es wieder tagt. Nur da und dort flackert eine Öl- oder Talgfunzel; woran die denken mögen, die nicht in den Schlaf finden können? Der Nachthimmel, finster und weit, ist ein Gewölbe, unter dem er sich aufgehoben fühlt. Manchmal, es fällt ihm nicht leicht, sich dies einzugestehen, manchmal macht ihm der mächtige Nachthimmel mit seinen abertausenden von Sternen aber auch Angst, Angst. Dann senkt er den Blick und sucht Erlösung im Gebet.

In den Nächten, in denen die Unruhe ihn an der Gurgel hat und um den Schlaf bringt, setzt er sich meist an die Südwand seines Hauses, an der das grüngesprenkelte Kleid eines Obstspaliers in die Höhe wächst, welches das Haus im Sonnenlicht in die Natur zurücktreten lässt, als sei es gar nicht da. Heute will er sich aber nicht in den Schutz des Hauses setzen, heute will er sich wieder einmal in die Nacht hinauswagen, wie er es gelegentlich tut, vor allem in schweren Zeiten, in denen eine Entscheidung zu treffen ist. Er geht an den Rand seiner Wiese und bleibt an der Grenze zum Ackerland stehen, über dem, viele Stunden früher, Raben im Abendlicht kreisten, ein finsterer Schwarm, den er auch jetzt nicht als Omen sehen will, da er sich an ihn zurückerinnert. Der Rabenschwarm sah aus wie ein schwarzes Tuch, das von unsichtbaren Kräften bald in diese und bald in jene Richtung gezerrt wurde, auf- und niedertanzte, vor- und zurückschwang, bis es schliesslich auf seinem Ahorn abgeworfen wurde, um dessen Krone zu bedecken. Redet er sich nur ein, nichts auf seine Träume zu geben? Oder fürchtet er sich vor ihnen, davor, was sie ihm aufzeigen, was sie bedeuten? Er träumt oft, träumt unverständliche Bilder und verwickelte, lange Geschichten, die ihn verwirrt zurücklassen. Soll er sich etwa darüber freuen, dass sein Verstand nicht alles erklären kann? Vor fünf Nächten etwa sah er ein Pferd sowie drei Männer, die ihm nicht bekannt waren. Der eine Mann trug ein Messer bei sich, das er dem Pferd ohne Vorwarnung in den Hals stiess. Er war erwacht, bevor das Blut aus dem Hals schoss und ihn unweigerlich besudelte, da er dicht vor dem Tier stand und beruhigend auf es einredete, die rechte Hand auf die warmen Flanke gelegt.

Nachts hat er den Acker noch nie betreten. Bisher hat es genügt, am Rand seiner Wiese zu stehen und in der Dunkelheit über ihn hinzuschauen, um Ordnung in seine Gedanken zu bringen. Heute will ihm das nicht genügen. Eine innere Unruhe, oder ist es eine Sehnsucht?, fordert ihn dazu auf, über den Acker zu gehen, ohne sich zu fragen, wohin er unterwegs sein könnte. Gehen, einfach gehen und immer weiter gehen, ohne Absicht, ohne Ziel. Wann hat er dies das letzte Mal getan? Als Kind und demnach gegen den Willen seines Vaters Jakob, der von ihm verlangte, stets ein Ziel vor Augen zu haben! Die Luft, die sich auf sein Gesicht legt, ist jetzt, Ende September, kühl, beinah schon kalt. Er spürt die Krumen des aufgeworfenen Ackers unter den Sohlen seiner Schuhe, lange Erdwürste, die unter seinen Schritten zerfallen und zerbröseln. Er denkt, wie schön es doch wäre, jetzt barfuss darüber hinzugehen. Drei Schritt später tut er es tatsächlich: Er zieht die Schuhe aus und geht mit nackten Füssen weiter, wobei ihm ein Stöhnen entfährt. Der Acker, durch das Fenster seiner Studierkammer betrachtet, ist tagsüber nichts als ein harmloser Raum, durch den Abend für Abend rasch das anschwellende Schattensegel der Dämmerung gleitet, ein Raum ohne Gefahr, ohne Geheimnis. Jetzt, in der Nacht, hat er sich in ein bedrohliches Gebiet verwandelt, in dem er sich verlaufen könnte, ja verlieren. Er bleibt stehen und geht nach kurzem Zögern doch weiter. Die Lichter der Schlaflosen sind ihm Trost und Hilfe: Er wird nicht von der Welt fallen, auch wenn er weiterhin in die Dunkelheit hineingeht.

Er weiss, wo die wohnen, die zu ihm halten und seine neuen Ideen teilen, er weiss aber auch, wo die zu Hause sind, die ihn aus Suhr und zum Teufel jagen wollen. Er hat seine Gemeinde mit seinen Gedanken und Ansichten entzweit, hat sie in zwei Hälften zerschlagen. Man ist für ihn oder man ist gegen ihn, anders geht es nicht. Diese Gewissheit lastet ihm oft als Gewicht auf der Brust und nimmt ihm den Atem, den er benötigt, um predigen zu können. Die Stille macht die Nacht grösser, als sie in Wirklichkeit ist, er hebt den Blick, während er weitergeht, wachsam, auf der Hut. Sieht einer, der ihn und seine Ideen verachtet, etwa einen anderen Himmel und andere Sterne, wenn er jetzt wie er den Blick emporhebt? Die Erde unter seinen Füssen fühlt sich kalt an, seine Sohlen schmerzen, aber er will nicht nachgeben und die Schuhe überziehen, noch nicht. Wie wenig es doch braucht, andere zu erzürnen und gegen sich aufzubringen! Ein falsches Wort mag nicht genügen, ein neuer Gedanke aber tut es allemal! Manchmal allerdings braucht es ebenso wenig, um Menschen dazu zu bringen, dass sie einen mit anderen Augen sehen: Als am 29. September vor zwei Jahren, genau eine Woche nach dem Mauritiustag, zu dem er Andreas Hunold, den Leutpriester von Aarau nach Suhr kommen liess, als an jenem 29. September sich spät am Tag das Heu in Bauer Gerbers Schober entzündete und das Feuer, entfacht und angetrieben vom starken Wind, auf Hof und Stall überzugreifen drohte, hat er bis in den Morgen mitgeholfen, die lodernden Flammen unter Kontrolle zu halten. Damals hat er in Gerbers erstaunten Augen erkannt, wie aus einem erbitterten Gegner einer geworden ist, der ihn akzeptiert, seine Ansichten und Ideen vielleicht nicht, dafür aber ihn, ihn, Johannes Buchser, Leutpriester zu Suhr. Er hat gelernt, in den Blicken anderer Menschen zu sehen, was sie von ihm halten, wie sie ihn sehen. Er will sich nicht länger erklären, die Art, wie er Gott sieht und wie er sein Leben führt, ist Erklärung genug. Ist er ein Vorbild? Will er das denn sein? Er wird sich weder Bern, noch Luzern, Solothurn oder Münster beugen, niemals, nicht nach all den Jahren, all den Kämpfen! Am 31. Dezember 1522 etwa hat Luzern seinetwegen an Bern als Landesherrn wegen der Ketzerei und der falschen Lehre berichtet, die man nach besten Kräften zu verhindern suche, hat berichtet, dass nicht wenige Pfarrer in bernischen Gebieten, insbesondere der Pfarrer von Suhr, also er, sowie der Leutpriester von Aarau, also Andreas Hunold, *«die mit sölch faltschen, der lutterschen Opinion vergifft, vil und mengerley Unruow machent gegen unser Stifft Münster, die an denen enden Zins und zehenden hat, diese verweigerten.»* Er ist verschiedene Male vor den bernischen Rat zitiert worden, weil er seine Zunge nicht im Zaum halten kann, weil er seine Zunge nicht im Zaum halten will, ist nach Münster gereist, um ehrlich in eigener Sache auszusagen, ist von Solothurn zur Strafe von vier Pfund verurteilt worden und hat später erfahren, dass dem Landvogt vom Rat die Forderung erging, er habe 30 Pfund Strafe von ihm einzuziehen. Schliesslich und endlich hat Bern ihm angedroht, ihn als Pfarrer abzusetzen, so er den bernischen Mandaten nicht Nachachtung verschaffe, immerhin habe er, was er nie bestritten hat, zurückgetretene Priester genau wie Laien, darunter etliche Täufer, bei sich in seinem Haus Suhr aufgenommen. Nein, er wird nicht aufgeben, nie und nimmer, er wird seinen Ansichten nicht abschwören, er kann nicht darauf verzichten, die Kirche, die er liebt, reformieren zu wollen.

Irgendwo in seiner Nähe raschelt ein Wesen, das sich flink über den Boden bewegt, ein Tier, das nicht allzugross sein kann, wie er vermutet, das den Weg freimacht für andere leise Geräusche, für die er bislang nicht das Ohr gehabt hat: Blätter rascheln, Zweige zerbrechen, der Wind flüstert und seufzt, Äste ächzen und knarzen. Ist die Natur erst jetzt erwacht, fragt er sich, und mit ihr die Toten? Wenn ich stehen bleibe, den Atem anhalte und die Augen schliesse, wird keiner bemerken, dass ich hier bin. Dass es mich gibt. Er zwingt sich, weiter in die Dunkelheit hineinzugehen und die Geister, die sich in seinem Kopf breit machen, zu ignorieren. Sind Eulen nicht Geschöpfe des Teufels? Der Ruf, den der Wind aus der Ferne zu ihm herträgt, geht ihm durch Mark und Bein. Er stolpert und spürt sein Herz in der Brust klopfen. Am Waldrand, den er jetzt im fahlen Nachtlicht ein kleines Stück vor sich erkennt, haben sich die Schatten zu Gestalten versammelt. Sie stehen in Trauben zusammen unter den Bäumen, da, da und dort, und flüstern seinen Namen.

Johannes Buchser.
Johannes Buchser.
Johannes Buchser.

Was wollt ihr von mir, denkt er, meinen Namen kenn ich selber! Seid ihr Freund oder Feind? Die Gesichter der Gestalten kann er nicht erkennen, soll er dennoch auf den Wald zugehen, als kenne er keine Furcht vor den dunklen

Mächten? Er lässt die Schuhe zu Boden fallen und schüttelt die Hände, als müsse er sich von etwas befreien. Hätte er den Mut, den Wald zu betreten, um ihn allein und barfuss in seiner Tiefe zu durchqueren? Ist es Angst, die seine Schritte lähmt, ist es Zweifel? Plötzlich steht ein Knistern in der Luft, verhalten erst und leise, bald aber laut und unmöglich zu überhören, als sei ein grosses Feuer entfacht, eine Fackel wider die Dunkelheit. Er dreht sich um und erkennt, wie ein Unwetter durch den breiten Talgrund rasend schnell auf ihn und seine Gemeinde zuzieht. Eine Windböe schlägt nach ihm, ein kalter, harter Hieb, er sieht die Regenwalze auf sich zurollen und spürt im gleichen Augenblick, wie ihn die Tropfen, gross wie Eicheln, treffen. Die Schattengestalten am Waldrand sind verschwunden, es hat sie nie gegeben. Die Dunkelheit dagegen gibt es, doch sie ist ein kleiner, ein minderer Dämon, begreift er. Er ist stärker denn dieser Dämon, denn er glaubt, glaubt aus tiefer Überzeugung.

Er lässt sich nieder auf die Knie, sich den Kräften der Natur mit ausgebreiteten Armen zu ergeben, und fasst den Entschluss, morgen mit einer Delegation nach Bern zu reisen. Er, Johannes Buchser, eines von sieben Kindern seines Vaters und Priesters Jakob Buchser, er will in Bern darum bitten, man möge den Priestern Eheweiber gestatten, möge die Messe abschaffen und erlauben, die neue, die richtige Lehre frei von der Kanzel herab zu verbreiten.

Er faltet die Hände und öffnet die Augen. Er ist nass bis auf die Knochen, er zittert vor Kälte, aber er kann sich nicht gegen den trotzigen Schrei wehren, der sich Luft verschafft. Sein Schrei ist kräftig und rein, ein Ruf über den grossen schwarzen Wald hin, von keinem zu überhören. Ein Signal, das durch den Talgrund rollt, Menschen aus dem Schlaf reisst und erstaunt in die Nacht hinaushorchen lässt, bis es vom Unwetter verschluckt wird, das nun mit Pauken und Trompeten über dem Lande steht und die Erde mit seinen Donnerschlägen wanken lässt.

·APOLONIA·VON·BALMOS·ANNO·1520

Ulrich Knellwolf

Szenen einer Scheidung
Von Verflechtungen und Entflechtungen in der Reformationszeit

1520
Die Scheibe der Apollonia von Ballmoos im Kreuzgang von Wettingen

Blauseiden angetan, blond und goldgekrönt, die güldne Sonne am blauen Himmelszelt, so steht sie da. Wie die Himmelskönigin. *Ave Maria, gratia plena, benedicta tu in mulieribus et benedictus fructus ventris tui Jesus.*

Doch trägt sie, statt des Kinds im Arm wie Maria, eine Zange vor sich her, darin ein gezogener Zahn. Denn damit sie keine *mulier* werden müsse, kein Eheweib eines Manns und keine Mutter, sondern um Christi willen Jungfrau bleibe, liess sie sich vom eignen Vater, der andere Pläne mit ihr hatte, martern, wozu gehörte, dass ihr die Zähne ausgeschlagen wurden, krönende Zier im Mund jeder anmutigen Frau. Wenn sie sich schon nicht reichtums- und machtfördernd verheiraten lassen, sondern die jungfräuliche Braut ihres Herrn Jesus sein wollte, dann sollte dieser Bräutigam wenigstens keine Schönheit, sondern eine zahnlose Vogelscheuche an seiner Apollonia haben. Schliesslich sei sie selbst auf den schon brennenden Scheiterhaufen gesprungen. Was sie dazu prädestinierte, eine Heilige zu werden und als solche die Fürbitterin für alle von Zahnschmerzen Geplagten, und deren gab es allzeit viele.

Nur schon der Name! Etwas keck Herausforderndes gibt er seiner Trägerin – derjenigen im ägyptischen Alexandria des 3. Jahrhunderts, die auf der Wappenscheibe im Wettinger Kreuzgang steht ebenso wie derjenigen aus dem Bern des frühen 16. Jahrhunderts, die sie da vertritt. Bei der Alexandrinerin weist der Name auf die Differenz zwischen ihr und ihrem Vater. Eindeutig heidnisch ist er, erinnernd an den griechischen Gott der Philosophen.

Ob die Familie von Ballmoos, Burger von Bern, erblich schlechte Zähne oder einen Hang zur Renaissance und deren heidnischer Seite hatte – der Name Apollonia lässt auch im 16. Jahrhundert eher an eine forsche Herrenreiterin und aufgeweckte Dame als an ein Hausmütterchen denken. Letzteres wird Apollonia von Ballmoos kaum gewesen sein, wenn sie nicht ganz aus der Linie schlug. Denn schon ihre ältere Schwester war es trotz des viel biedereren Namens nicht: Margaretha von Ballmoos, von 1509 bis 1526 Äbtissin des Zisterzienserinnenklosters Fraubrunnen unweit vom Weiler Ballmoos, von dem die Familie den Namen hat.

1507
Die Frau Landvögtin

Apollonia geht nicht ins Kloster; sie findet – oder man findet für sie – einen standesgemässen Ehegemahl. Werner von Meggen heisst er, Luzerner, in Geldgeschäften tätig, daneben Offizier, Hauptmann der Luzerner in den Kappelerkriegen 1529 und 1531 und, vor allem, Politiker, erst Grossrat, dann Kleinrat, Landvogt in Horw, in Büron, in Willisau und – darum seine und seiner Frau Wappenscheiben in Wettingen – von 1507 bis 1509 eidgenössischer Landvogt von Baden. Die

Familie hat Luzern mehrere Schultheissen beschert, Werner wird 1541 der Letzte von ihnen werden, aber da lebt Apollonia nicht mehr.

Die Scheiben, seine und die seiner Frau, sind datiert von 1520. Da war Werner von Meggen längst Vogt von Baden gewesen. Er und seine Frau holen nach, was sie spätestens beim Weggang aus Baden, 1509, tun wollten, was aber nicht möglich war, weil 1507, just in dem Jahr, als das Ehepaar das «Niderhus», den Sitz des eidgenössischen Landvogts bezog, ein grosser Teil des Klosters Wettingen abgebrannt war. Der dennoch später zum Abt gewählte Pater Johann Schnewli habe mit Raketen experimentiert und dabei den eigenen Laden angezündet, wurde kolportiert. Wer weiss, ob's wahr ist! Jedenfalls waren nach dem Wiederaufbau er selbst und die folgenden Äbte eifrig bemüht, dem Kloster neuen Glanz zu verschaffen. Sie forderten darum alles, was ringsum irgend Rang und Namen hatte, auf, Scheiben und anderes zu stiften. Landvogt von Meggen samt Ehefrau hatten es ein erstes Mal bereits beim Wegzug getan, indem sie eine Doppelscheibe in der unversehrten Badener Siechenkapelle einsetzen liessen. Mit den beiden für den Kreuzgang mussten sie warten, wie Figura zeigt.

1509
Der Schüler von Reformator und Humanist

Ihr Kind, das einzige, soviel wir wissen, bringt Apollonia 1509 schon nicht mehr in Baden zur Welt, sondern wieder daheim in Luzern. Jost von Meggen oder Jodocus a Meggen, patricius Lucerinus, wie er sich offiziell nennt. Er wird der Letzte seines Geschlechts sein.

Früh schon sorgen Vater und Mutter ihm für gute Lehrer. Der beste in Luzern ist Oswald Geisshüsler, Sohn eines Müllers in der Stadt. Er hat in Basel studiert, ist von dorther mit

Erasmus von Rotterdam bekannt, der ihm die Namensform Myconius vorgeschlagen haben soll, befreundet auch mit dem Maler Hans Holbein und mit Ulrich Zwingli. Die Zürcher holen Myconius 1516 als Schulmeister ans Grossmünsterstift. Von da kehrt er 1519 nach Luzern, an die Schule des Leodegarstifts, zurück. Hier ist Jost von Meggen sein Schüler. Und wird es geblieben sein bis der reformatorisch gesinnte Myconius drei Jahre später von den Anfeindungen konservativer Kreise genug hat und wieder nach Zürich geht, diesmal an die Fraumünsterschule. In Zürich steht die Reformation kurz vor dem Durchbruch. Myconius ist ein treuer Gefährte Zwinglis; schliesslich hat er 1518 den Freund, der damals in Einsiedeln Leutpriester war, auf die freiwerdende Grossmünsterkanzel aufmerksam gemacht. Wohl nicht ohne Mitwissen des Erasmus und kräftige diplomatische Unterstützung durch Matthäus Schiner, Bischof von Sitten, nota bene der einzige Schweizer, der jemals handfeste Chancen hatte, Papst zu werden. Man stelle sich vor: Der Papst hätte sich sagen lassen müssen, er habe die Zürcher Reformation eingefädelt! Oder noch besser: Zwingli wäre vorgeworfen worden, der Papst habe bei seiner Reformation Pate gestanden. Als 1531 der Basler Reformator und Antistes Johannes Oekolampad stirbt, wird Oswald Myconius zu seinem Nachfolger gewählt.

Kaum anzunehmen, dass nichts von der erasmischen und reformatorischen Gesinnung des Lehrers in seinem Unterricht spürbar war. Jost von Meggen war also in seinen frühen Schuljahren einem Einfluss ausgesetzt, der später in Luzern als brandgefährlich taxiert worden wäre. Man wüsste gern, wie er selbst es beurteilte. Aber vielleicht liefert uns sein anderer bedeutender Lehrer ein Indiz.

Heinrich Loriti aus Mollis im Glarnerland, darum Glarean genannt, wie sein späterer Freund und noch späterer Gegner Myconius 1488 geboren, studierte in Wien und Köln und kam 1514, durch Erasmus von Rotterdam und die guten Buchdrucker angezogen, nach Basel. Fünfzehn Jahre lang leitete er eine Burse, also ein Studentenhaus, und unterrichtete natürlich auch, unterbrochen durch Studienaufenthalte in Pavia und Paris. Als er zurückkommt, wird Jost von Meggen einer seiner Schüler und Hausgäste, ebenso wie ein Glarner Landsmann, der sich einen Namen machen sollte, Aegidius Tschudi. Glarean argwöhnt, der Sieg der Reformation werde zu einer Vernachlässigung der klassischen Studien führen. Darum stellt er sich, wie sein Vorbild Erasmus, dagegen. Als feststeht, dass Basel reformiert wird, zieht Glarean enttäuscht nach Freiburg im Breisgau.

Wenn ein Lehrer Jost von Meggen entsprechend beeinflusst hat, dann sicher Glarean. Spätestens dieser muss dem Luzerner Patriziersohn die Liebe zu den Sprachen, insbesondere den klassischen, vermittelt haben. Nicht weniger als neun Sprachen habe Jost beherrscht.

Eigenartige Widersprüchlichkeit: Die Reformation ruft eine neue, breitere Pflege der biblischen Sprachen Hebräisch und Griechisch hervor. Das hält Erasmus, Glarean und Jost von Meggen nicht vom Verdacht ab, es werde durch die Reformation zu einer Vernachlässigung der humanistischen Studien kommen. Sie denken natürlich an die griechischen und römischen Autoren. Denn die Reformation übersetzt die Bibel in die Sprache des Volks und fördert überall die Schule. Die alten Sprachen hören auf, ein aristokratisches Privileg zu sein, wie die Kirche aufhört, hierarchisch aufgebaut zu sein. Das erscheint Leuten wie Glarean als Verflachung, Sieg des niedrigen und mittleren Stils der Rhetorik über den erhabenen. Glareans Schüler Jost von Meggen sieht es ebenso. Er hält auf Unterscheidung der Bildungs- wie der sozialen Schichten. Sonst unternähme der Hochgebildete keine Wallfahrt nach Jerusalem, um sich am Heiligen Grab zum Ritter schlagen zu lassen. Und er erwürbe nicht das Schloss Baldegg als standesgemässen Wohnsitz. Haarscharf schrammt er in seiner Jugend an der Reformation vorbei, bleibt aber, wie wir sehen werden, ein entschiedener und vor allem romtreuer Katholik.

1497
Die Mitgift der Nonne

Man wüsste gern, wie seine Mutter Apollonia es mit der Reformation hielt. Doch können wir nur mutmassen. Dass sie und ihr Mann den klassischen Studien aufgeschlossen gegenüberstanden, darf man annehmen; sonst hätten sie den Sprössling weder zu Myconius in die Schule noch ins von Erasmus geistig dominierte Basel und zu Glarean in die Burse und an die Universität geschickt.

Die Aufgeschlossenheit hat eine Rückseite. Denn um ihretwillen werden Leute eingeschlossen. Wie Apollonias Schwester Margaretha, die ins Zisterzienserinnenkloster Fraubrunnen eintritt. Wobei «eintritt» eine Schönfärberei ist. Sie hatte sicher keine Wahl. Der Entscheid fiel allermeist schon gleich nach der Geburt, und der Eintritt geschah in einem Alter, in dem noch kein Mensch aus eigenem Willen entscheiden kann.

Man hatte sie also nach Fraubrunnen gebracht. Denn jemand musste sich dafür opfern, dass seinen Nächsten die Liebe zur Welt, die Freude an den Künsten, die Begeisterung für heidnische Götter und Philosophie in der himmlischen Buchhaltung nicht auf der falschen Seite angerechnet wurde. Eines musste sein Leben als Gegengewicht in die Waagschale legen.

Allzu schwer sollte es für das Opfer allerdings denn doch nicht sein. Darum wurde ein reiches, mächtiges Kloster gewählt; da herrschten auch für die Nonnen ein gewisser Komfort und einige Freiheiten. Und die Macht des Klosters wirkte positiv auf das Ansehen der Familie zurück. Fraubrunnen war neben Königsfelden das reichste und mächtigste Frauenkloster weit und breit.

Wann Margaretha von Ballmoos dort Novizin und schliesslich Nonne geworden ist, ist nicht bekannt. Jedenfalls vor 1497. Denn am 18. Juli dieses Jahrs finden die Geschwister Kaspar, Apollonia und Elsbeth von Ballmoos ihre Schwester Margreth, Nonne zu Fraubrunnen, mit zwei Zinsen von Gütern in Jegenstorf und Aarberg ab. Es sieht nach Erbteilung aus. Die junge Nonne hat eine steile Klosterkarriere vor sich. 1509 wird Margaretha von Ballmoos Äbtissin von Fraubrunnen und damit eine einflussreiche Frau.

Sie muss eine starke Persönlichkeit gewesen sein. Seit sie in Fraubrunnen am Ruder ist, hören die vorher notorischen Klagen über die dort mangelnde Klosterdisziplin auf. Jedoch ist sie alles andere als eine finstere Asketin. Zudem eine Frau von Geist, die sich auch in theologischen Fragen ein eigenes Urteil bildet. Beides zeigt sich an der Art, wie am Samstag, dem 26. Juli 1522, in Fraubrunnen der Tag der heiligen Anna, der Mutter Marias, gefeiert wird. Alles, was in der Gegend theologisch Bedeutung hat, ist versammelt. Dr. Sebastian Meyer, Lesemeister des Berner Barfüsserklosters, hält die Festpredigt. Ihn dazu einzuladen, ist nicht ohne Zunder. Denn jedermann ahnt, dass dieser Franziskaner lutherische Sympathien hegt. In der Predigt weniger, darum umso mehr in Lauf des anschliessenden Festessens wird es offensichtlich. Meyer, herausgefordert, droht sich um Kopf und Kragen zu reden. Manche der anwesenden Kleriker sind entsetzt, andere schweigen. Die Äbtissin, obzwar hierarchisch die Höchste in der Versammlung, hört vor allem zu.

1519
Der Tod holt den Maler

Ein anderer schliesst in diesen Jahren mit dem Mittelalter und dessen Kirche radikal ab. Niklaus Manuel Deutsch, Maler, Zeichner, Radierer in Bern. Er hat einen Auftrag bekommen, von dem ein Maler nur träumen kann. An die südliche Umfassungsmauer des Berner Dominikanerklosters soll er einen Totentanz malen, runde hundert Meter lang. Es wird eine Sterbensorgie in einundvierzig Bildern, eine gemalte Schreckenspredigt von der hypnotischen Anziehungskraft des Knochenmanns, dem niemand die Einladung zum Tanz abschlagen kann, der Kaiser nicht, nicht der Bettler, nicht der Schultheiss von Bern, nicht die Marketenderin, die den Reisläufern nachstreicht, niemand. Auch der Maler selbst, der seinen Mitbürgern den grossen Abdecker vor die Augen stellt und ihr Herz damit zum Verzagen bringt, bleibt nicht verschont. Im letzten Bild holt ihn der Tod.

Als fertig gemalt ist, tritt der Maler zurück, um das Ganze zu überschauen. Auch sein Herz tritt einen grossen Schritt zurück. Es ist des Todes müde und fragt: Wozu? Wozu dieses Kunstwerk, das es ohne Zweifel ist, wenn doch alles der Verwesung zugeht? *Memento mori.* Denk daran, dass du sterben musst. Und was sonst? Sonst nichts? Herz, Geist, Hand sind vom vielfältigen und dennoch einsilbigen Bild des Todes so müde, dass sie am liebsten stürben. Und sollten durch die Bilderreihe doch bewegt werden, sich dem wahren Leben zuzuwenden. Aber woher die Kraft dazu nehmen? Sie muss von aussen kommen. Durchs anredende, verheissende, Zukunft öffnende Wort. Hör die Bibel! Worauf läuft's da hinaus? Etwa nicht auf Befreiung vom Todeskult schon in Babylon und Ägypten? Auf nichts anderes als die vollkommene Schöpfung in den Propheten und Evangelien!

Manuel merkt, dass er den Bankrott gängiger Lehre an die Klostermauer gemalt hat. Neue Wörter braucht es, die das kommende Leben ankünden. Was man in Bildern noch nicht zeigen kann, kann man in Worten schon sagen. Als Manuel den Totentanz fertig gemalt hat, ist er auch mit der Malerei fertig. 1520 entstehen seine letzten signierten bildnerischen Werke. Eins der letzten, freilich unsigniert, sei ein Riss zu der Scheibe der Apollonia von Ballmoos, vermute ich, den ein Zürcher Glasmaler auf Anregung der Auftraggeberin bei ihm bestellte. Sie waren einander einst nahe gewesen. Er zeichnet die Apollonia nicht als Martergestalt, der man die Zähne ausgerissen hat, um sie unansehnlich zu machen, sondern als lebensvolle, schöne Frau, in das gleiche leuchtende

Blau gekleidet wie die Kaiserin auf seinem Totentanz, aber ohne deren Resignation. Dann legt er den Zeichenstift weg und nimmt den Schreibstift zur Hand. 1522 wird sein erstes Fastnachtsspiel aufgeführt.

1526
Die Abfindung der Nonne

Beim Tischgespräch am Festessen des St. Annentags hat sie zugehört. Jetzt, vier Jahre später, ist sie entschieden. Margaretha von Ballmoos tritt als Äbtissin von Fraubrunnen zurück und will keine Nonne mehr sein. Geht sie heim nach Bern, oder kann sie in diesen unentschiedenen Zeiten vorläufig in Fraubrunnen bleiben, bis sie Barthlome Vogt heiratet, den ehemaligen Prior des Berner Dominikanerkonvents? Wann das geschieht, wissen wir nicht, jedoch kaum, bevor Bern entschieden hat und wie sie selbst reformiert geworden ist. Das geschieht zwei Jahre später, im Januar 1528, in der Berner Disputation. Deren Schlussreden unterschreiben «mit eigener Hand» neben andern weltlichen und geistlichen Honoratioren auch «etliche Prediger-Ordens», als erster «Bartholome Vogt, Prior». Sie besiegeln damit das Ende ihrer klösterlichen Laufbahn. Am 5. Juli desselben Jahrs quittiert die gewesene Nonne dem Klostervogt Erhard Kistler eine Rate von 100 Pfund Pfennigen an ihre Abfindung von 200 Pfund.

1529
Kappeler Milchsuppe

Mit Bern ist der mächtigste Staat der Eidgenossenschaft reformiert geworden. Das reformierte Zürich wittert Morgenluft. Denn dass die Eidgenossen zwei verschiedenen Konfessionen angehören, kann man sich nicht vorstellen, nicht in Zürich und nicht in der Innerschweiz. Spannungen und Provokationen – im Thurgau wird ein katholischer Unteroffizier von den reformierten Zürchern hingerichtet, in Schwyz wird ein reformierter Pfarrer als Ketzer verbrannt – führen dazu, dass Zürich den Innerschweizern am 8. Juni 1529 den Krieg erklärt und seine Truppen an die Grenze nach Kappel am Albis schickt. Dort stehen ihnen, in geringerer Zahl, aber nicht weniger entschlossen und sehr kampferprobt, die Innerschweizer gegenüber. Einige Stände bleiben neutral, weil selbst konfessionell gespalten. Sie und insbesondere Landammann Hans Aebli aus Glarus raten zu Verhandlungen. Bern, in Machtfragen am erfahrensten, ist zwar mit Truppen da, aber nicht hitzig auf einen Waffengang. Auch es will verhandeln. Das geschieht, bis am 26. Juni der Kappeler Landfrieden steht.

Hauptmann der Luzerner ist Werner von Meggen. Niklaus Manuel gehört zu den Vennern von Bern. Ob sie einander von Angesicht kennen, weiss ich nicht. Anzunehmen ist, der Luzerner wisse, dass, wenn ich richtig vermute, der Berner Apollonias Verehrer war, ehe familiäre Berechnung entschied, sie solle den viel vornehmeren Innerschweizer heiraten. Für den einen kommt's nicht infrage, reformiert zu werden; in seinen Augen wäre das ein Schritt hin zur Barbarei. Für den andern kommt's nicht infrage, wieder katholisch zu werden; ihm hat sich eine Perspektive über den Totentanz hinaus geöffnet.

Sie werden einander zuerst skeptisch angesehen haben. Bis der eine merkte, dass der andere kein Barbar, der andere, dass der eine kein Totentänzer war. Vielleicht haben sie, nachdem die Papiere unterschrieben waren, miteinander angestossen. Ob Apollonia da überhaupt noch lebte, ist übrigens alles andere als sicher.

Derweil die grossen Tiere am Verhandlungstisch feilschten, feierten draussen die Soldaten vorausnehmend Versöhnung. Eine Tanse, mit Milch aus Zug gefüllt, Brot aus Zürich hineingebrockt – und fertig war die Kappeler Milchsuppe, aus der Katholiken und Protestanten einmütig löffelten. Wer weiss, ob nicht die hohen Herren schliesslich auch noch dazu kamen. Dann hätten der Luzerner Hauptmann und der Berner Venner sogar aus einer Schüssel gegessen.

1545
Verkauf des gemeinsamen Hauses

Die Eidgenossenschaft ist nach dem Ersten, nicht stattgehabten, und sogar auch nach dem Zweiten, tatsächlichen, Kappelerkrieg immer noch ein Haus. Aber die Eidgenossen sind nicht mehr eine einzige Familie. Was bisher ein Einfamilienhaus war, wird in ein Zweifamilienhaus umgebaut. Unter einem Dach wie bisher, aber zwei getrennte Wohnungen.

1545 verkaufen «Jost von Meggen, des Rats zu Luzern, und Mithafte an Barthlome Vogt, Burger von Bern, für 2000 Pfund Bernermünze aus dem Erbe ihrer Base Margarethe von Ballmoos, weiland alliée Vogt», ein Haus am Rossmarkt, einen Garten an der Bubengasse in Bern und einen Gültbrief.

Die ehemalige Äbtissin von Fraubrunnen ist gestorben – als Berner Burgersfrau, 1543, kinderlos. Das Frauengut ist nicht an den Mann gegangen, sondern an die Geschwister beziehungsweise deren Erben. Der gewichtigste ist der Neffe, der Sohn der Apollonia. Es wäre nicht verwunderlich, wenn die Initiative zum Verkauf von ihm ausgegangen wäre.

Denn Jost von Meggen hat Ambitionen. Sein Vater ist zuletzt Schultheiss von Luzern gewesen. Der Sohn scheint, aus welchen Gründen auch immer, nicht damit zu rechnen, es auch zu werden. Dafür tut sich etwas in Rom.

1527, als die Schweizergarde im Sacco di Roma den Rückzug des Papsts vor den Landsknechten des – katholischen – Kaisers Karls V. in die Engelsburg deckte, kamen fast alle um, auch der Kommandant, Kaspar Röist. Sein Vater, der Zürcher Bürgermeister Marx Röist, war 1518 vom Papst zum

Kommandanten berufen worden, was eine grosse Ehre war. Aber in Zürich war viel in Bewegung. Darum blieb Marx Röist Bürgermeister und schickte seinen ältesten Sohn als Stellvertreter nach Rom. Der kommandierte die Garde bis zum Tod des Vaters, 1524, in dessen Namen; dann wurde Kaspar selbst Kommandant und liess drei Jahre später mit seiner Truppe das Leben. Die Garde musste neu aufgebaut werden. Papst Paul III. berief dazu nach langer Wartezeit Jost von Meggen. Den machte nicht zuletzt seine Pilgerfahrt nach Jerusalem zum geeigneten Kandidaten. Über diese Wallfahrt hatte der literarisch Gebildete ein Buch geschrieben, selbstverständlich in Latein: *Jodoci a Meggen patricii Lucerini Peregrinatio Hierosolymitana.* 1548 ging er nach Rom und blieb Gardekommandant bis zu seinem Tod 1559. Er muss in der Ewigen Stadt grosses Ansehen genossen haben; sie verlieh ihm das Ehrenbürgerrecht.

Die vorausgehende familiäre Entflechtung zwischen Luzern und Bern ist verständlich. Oder sollte Jost sich im Vatikan auf seine Tante, die abtrünnige Nonne, und ihren Mann, den ausgetretenen Prior, ansprechen lassen müssen?

Der Hausverkauf ist auch für die innereidgenössischen Verhältnisse sprechend. Fortan heiratete kaum mehr ein Luzerner Aristokrat eine Bernerin, verband sich keine führende Zürcher Familie mehr mit einer aus Schwyz. Man lebt unter einem Dach, aber in getrennten Wohnungen.

Aus dem ehemaligen Berner Dominikanerprior Bartholomäus Vogt scheint im Übrigen ein tüchtiger Kaufmann geworden zu sein. Nachdem er 1545 den Verwandten das Haus seiner verstorbenen Frau abgekauft hat, verkauft er seinerseits am 12. November 1548 zuhanden seiner Schwester Küngold Vogt, Witwe von Wilhelm Zieli, einen Bodenzins von 8 Mütt Dinkel, 13 Schillingen 4 Pfennigen, 3 alten und 7 jungen Hühnern und 70 Eiern, dazu das Eigentumsrecht auf einem Gut zu Kappelen. Wilhelm Zieli, sein verstorbener Schwager, in der Schweizer Literaturgeschichte als Übersetzer zweier beliebter französischer Romane bekannt, war ursprünglich ein vehementer Gegner der Reformation. Im Jahr des St. Annenfests von Fraubrunnen geriet er mit dem erwähnten Franziskaner Dr. Sebastian Meyer in Streit. Zieli nannte ihn einen Ketzer, den er verbrannt sehen wolle. Dafür kassierte er eine Busse vom Rat. Rechtzeitig wurde er dann aber – nolens volens oder durch seinen Schwager belehrt – doch noch reformiert. Gerade rechtzeitig, dass er nach der Berner Disputation zum Vogt und Schaffner des säkularisierten St. Vinzenzstifts avancieren konnte, vermutlich eine recht einträgliche Pfründe.

1578
Abschliessendes Wettinger Satyrspiel

Zu Jahresanfang 1578 trafen sich in der Abtwohnung des Klosters Wettingen drei Theologen, ein Katholik und zwei Protestanten, zu einem Deal unter Süchtigen. Der Katholik war prunksüchtig; die beiden Protestanten waren trunksüchtig. Der Prunksüchtige war Abt Christoph Silberysen, der nach illustrierten Büchern und daneben nach allerlei Ziergegenständen aus – nomen est omen – Edelmetall und auch nach Wappenscheiben derart gierig war, dass er damit um ein Haar sein Kloster ruinierte und 1594 deswegen zurücktreten musste. Der eine Säufer war Jodok Oesenbry, reformierter Pfarrer von Thalwil, der lieber, als seine Gemeinde zu hüten, auf die Jagd, insbesondere die Vogeljagd, ging und dabei gern einen über den Durst trank, so dass ihm beider Ursachen wegen wie schon früher in Männedorf nun auch auf der andern Seeseite trotz seiner Beliebtheit beim Volk die Amtsenthebung drohte. Und der zweite hiess Israel Stäheli, wegen Schulden, Raufhändeln, unschicklichem Familienleben, vornehmlich jedoch wegen notorischer Trunksucht erst aus dem Pfarrhelferamt in Bülach, dann überhaupt aus dem

Kirchendienst entlassen, seither in Zürich wohnhaft und den kümmerlichen Lohn als Vorschreiber auf der höhern Schule dank seiner ungewöhnlich schönen Schrift aufbessernd, indem er Manuskripte ins Reine übertrug, unter andern für den Antistes Bullinger.

Silberysen, übrigens selbst einem tüchtigen Schluck nicht abgeneigt, war als Abt von Wettingen laut altverbrieften Rechten und trotz der Reformation für die Kollatur, also die Wahl und Einsetzung der – reformierten – Pfarrer von Thalwil zuständig. Darum suchte der abwahlgefährdete Oesenbry Rückendeckung bei ihm, und er wusste, wie. Er machte sich die Sucht des Abts zunutze und verschaffte sich von ihm die Anregung zu einem illustrierten Buch über das, wovon er am meisten verstand, eben die Vogeljagd, womit nicht wie beim mittelalterlichen Kaiser Friedrich II. von Hohenstaufen die «Kunst mit Vögeln zu jagen», sondern die Kunst, Vögel zu fangen gemeint war. Oesenbry zog Illustratoren, deren Namen wir nicht kennen, und den als Schönschreiber allseits bekannten geschassten Kollegen Stäheli hinzu. Der Lockvogel war erfolgreich; der Abt ging in die Falle. Er empfing die zwei Zürcher Vögel in Begleitung des – katholischen – Pfarrers von Dietikon in seinem Kloster, lüstern auf ihr Opus. Man kann die Begegnung unübertrieben ein Gipfeltreffen der Süchte nennen.

Das wunderbar geschriebene und prachtvoll illustrierte «Kunst-, Weydny- oder Vogelbuch» zieren am Eingang zwei gezeichnete Wappen, das Silberysens und das des Verfassers. Die Bilder sind gestaltet wie Wappenscheiben, erinnern an die, welche zu jener Zeit den Kreuzgang in Wettingen schon zierten und appellieren an weitere Stifter. Das üppige Werk war zwar keine direkte Auftragsarbeit. Aber natürlich konnten Verfasser und Schreiber eine angemessene Gegengabe erwarten, und der Abt liess sich nicht lumpen. Nur beging der hochwürdigste Herr die aus therapeutischer Sicht unverzeihliche Torheit, seinen Dank dem Verfasser und dem Schönschreiber bar auf die Hand auszuzahlen, allwo er nicht lange blieb. Denn die zwei Diener des Worts, hoch zufrieden und elend durstig, wurden, kaum hatten sie das Kloster hinter sich, von dem unwiderstehlichen Drang ergriffen, die Münzen schnellstens aus ihrer unfruchtbaren Edelmetallkonsistenz zu befreien und zu verflüssigen. Christoph Gasser, Jagd- und Kulturhistoriker aus Südtirol, beschreibt das Ende der Geschichte in seiner schönen Neuausgabe des Vogelbuchs so:

«In Wettingen waren sie Gäste des Abtes, blieben dort über Nacht und frühstückten anderntags gemeinsam mit ihm. Die anschliessende Heimreise von Oesenbry und Stäheli artete aber in eine zügellose Zechtour aus. Bereits betrunken besuchten sie das Wirtshaus in Dietikon, wo Oesenbry ein Dienstmädchen unzüchtig bedrängte. Als sie das Wirtshaus verlassen wollten, ohne zu zahlen, wurden sie von den andern Gästen daran gehindert. Danach zogen sie zum Pfarrhaus von Schlieren, wo sie das Saufgelage bis spät in die Nacht fortsetzten. Oesenbry machte sich dabei abermals an einer Magd zu schaffen, bis eine ältere Dienstmagd dem lüsternen Treiben Einhalt gebot. Der Vorfall wurde auf der Zürcher Synode 1578 bekannt, worauf Oesenbry alles abstritt. Stäheli legte aber reumütig ein volles Geständnis ab, und so kam die Angelegenheit in die Hände des Rats, der beide in den Wellenberg einsperren liess. Während Stäheli seine Strafe im Wellenberg absitzen musste, wurde Oesenbry von seiner Gemeinde freigekauft.»

Was mag die sich auf ihrer Wappenscheibe stolz als königlich geschmückte Heilige präsentierende Frau Apollonia von Ballmoos, verehelichte von Meggen, gedacht haben, als die Kunde dieser feuchtfröhlich tragikomischen Wettingenfahrt durch den Kreuzgang des Klosters hallte und ihr zu Ohren kam? Vielleicht sagte sie sich voll Mitgefühl, die beiden geistlichen Herren müsse aber ein starkes – metaphorisches oder unmetaphorisches – Zahnweh geplagt haben, dass so viel Vergorenes nötig gewesen sei, es erträglich zu machen.

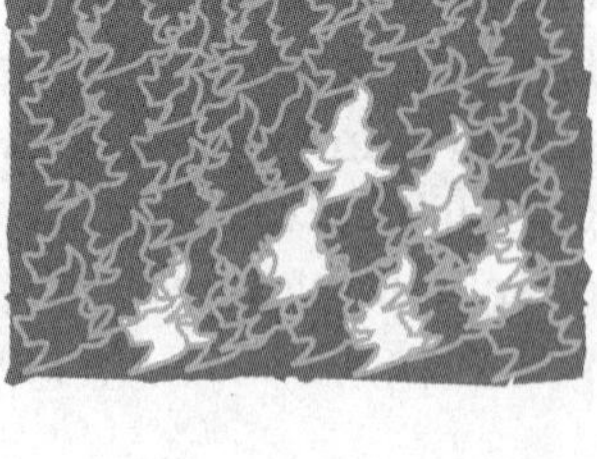

Markus Kirchhofer

pädagogisch-reformiert
Fünf Tankas

die schulbank aus holz
war kirchenbank am sonntag
so wuchsen wir auf
pädagogisch-reformiert
mit bindestrich und trennstrich

«die mehrheit macht nicht
die wahrheit», mahnte zwingli
fünfhundert jahre
nach zwingli: sind wir wahrer
oder nur mehr geworden?

«ein zeichen gottes
ist das lachen», so zwingli
ohne selbstiro-
nie ist das lachen gottlos
kann man ironisch glauben?

an heilsversprechen
arbeitet die medizin
der zweifel pendelt
zwischen labor und leben
wo sucht die kirche ihr heil?

wir reformieren
kniegelenk und geschlechtsteil
der mensch gestaltet
sich selber um, herz und hand
wie umformbar ist der kopf?

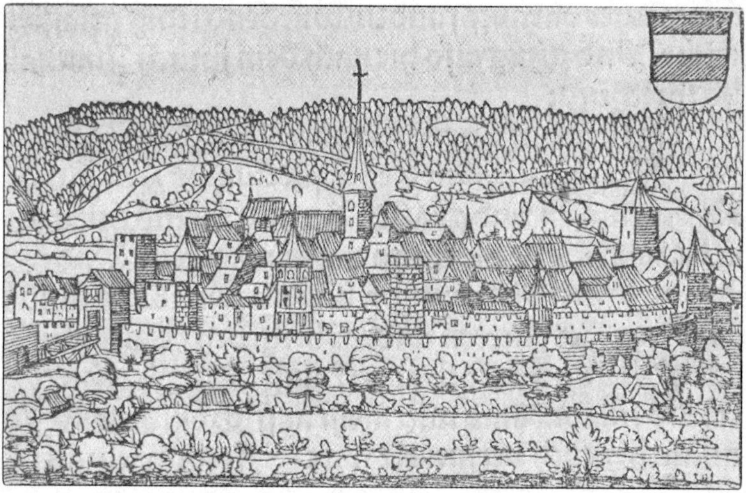

Max Dohner

Schlaflos brennen die Wörter

I.

Solange Joseph unten auf der Strasse die Stunde rief, war alles gut. Mindestens hatte alles seinen gewohnten Gang. Auch in der Nacht ordnete Joseph Schritt um Schritt die Zeit. Die Hoffnung hallte in der Gasse nach, man könne sich auch am nächsten Tag darauf verlassen. Immerhin auf äussere Ordnung, wenn innen alles brach. Josephs letzter Ruf aber war lange schon verhallt: der Melderuf, jetzt sei Mitternacht.

Durch die Kammer rieselte jeweils ein Schweif leuchtenden Staubs; den streute Mal für Mal die Laterne des Nachtwächters ins Gebälk. Rudolf Senger, seit Ewigkeiten wach im Bett, starrte ins Dunkel, wartete Mal für Mal – und erfreute sich am nächsten Schweif. Wenn dieses bisschen Schein, dachte er, von Josephs ganzem Dasein und Schicksal zeugte, so wäre das, im Vergleich zu mir, als Gnade schon erschöpfend viel.

Draussen prüfte Joseph Tür und Schloss am Haus des Stadtschreibers besonders gut. Dem Schreiber verdankte er seine Stellung, das fast schon bürgerliche Ansehen. Nachtwächter war ein Armenberuf – wie Abdecker oder Henker:

gemiedene Männer, die in der Schenke auf dreibeinigen Stühlen hocken mussten. Im Unterschied zu ihnen konnte Joseph lesen und schreiben; er war Feldweibel seit seiner Reisläuferei. Jedenfalls hatte Senger den Wächter mit Rechten ausgestattet und den Titel «Nachtrath» für ihn erfunden – oder nach Aarau geholt: aus Schwaben, wo Sengers Frau herstammte. Manchmal nannte er ihn scherzweise auch «Nachtschrat». Die beiden mochten sich, ohne deswegen vertraulich zu tun.

Joseph war ein Einzelgänger, der wenig sprach und von dem, was er hörte, viel verstand. Senger beeindruckte im Stillen, wie ruhig der Wächter die Dinge zu nehmen schien, wie sie halt waren: Unbeeinflussbar nahm alles seinen Lauf, jenseits vom Kopf, grösser als der Mensch, war nicht zu lösen mit Verstand, verhedderte sich laufend, sodass man darüber eher den Verstand verlor, war man nicht ganz so einfältig oder gleichgültig wie der Rest.

Das nahm Joseph hin, ohne Auflehnung und Hader. Gleichmütig, nicht gleichgültig. Keine Klage, nie ein Anflug von Hochmut oder Zorn. Vielleicht fand ihn Senger noch aus einem anderen Grund würdiger als die meisten Bürger in der Stadt: Seit Kindsbeinen hatte er den Eindruck, ganz für sich, eigentlich sei der Heilige Joseph die bemerkenswerteste Figur im Stall von Bethlehem … Aber warum nannte er den jetzt «Figur»?

Die biblischen Väter seien bloss «Figuren», in der Tat: Fabelwesen, allegorische Gestalten bestenfalls – das behauptete zumindest Agnes, Sengers Frau. Er gestattete ihr nicht, solche Dinge laut zu äussern, nicht in den Gassen. Eben hatte der Stadtrat genau das verboten in einem eiligen Dekret. Es liefen genug Feuermäuler herum. Agnes hatte sich zu Sengers Überraschung anstecken lassen – zu seiner Enttäuschung. Sich selber gestattete er nur in der Nacht darüber nachzudenken, tagsüber hütete er die Zunge. Solche Zweifel grenzten an Frevel, an Häresie.

Freilich plapperte Agnes arglos vieles nach – etwas zu selbstberauscht, glaubte Senger, vielleicht selbstverliebt. Redete ganz nach dem Plan und Wort eines Mannes, der eigentlich Bäcker war, Pfistermeyer, sich aber Lehrer nannte: Täuferlehrer. Das Gegenstück zu einem Menschen wie Joseph. Ein Phrasendrescher, auch wenn das Zeug, das er daherredete, in schlaflosen Nächten Senger weniger weit hergeholt schien.

War zur Seele etwa mehr zu sagen, als dass sie einem Schweif indirekten Scheins glich am Gebälk ewiger Nacht? Es war hochtrabend, dachte Senger, was die alte Kirche predigte zur Unsterblichkeit. Davon wusste sie zu viel. Kein Mensch hielt die Seele fest und wog sie am Markt wie einen Fisch. Und bezogen auf den Tag: Hätte Gott seit Geburt die Menschen in Stufen geschieden, wenn er sie doch alle nach Seinem Ebenbild erschuf? Das waren nur zwei Täuferthesen ständiger Unruhe, weswegen Senger fast der Kopf platzte, Mal für Mal, lange noch nach Mitternacht.

Und wegen dem stand es um Agnes jetzt so schlecht. Sie kämpfte mit der gleichen Verwirrung, hatte sie noch verdoppelt, mit einem fatalen Glück, einer frohen Trübung im Gemüt. Als wären es zwei Mühlsteine – und am Ende, fürchtete Senger, hatte Agnes für beides nicht die Kraft.

Er richtete sich abermals auf im Bett, strampelte die Decke nach unten, um sie – gewendet – wieder heraufzuziehen. So trocknete auf der Oberseite der Schweiss, während die kühle Unterseite dem Schlaflosen kurz die Illusion einflösste, die Schwüle der Nacht sei ausgestanden, Schlaf jetzt wirklich nicht mehr weit. Im Grunde hielten sie ihn weiter zum Narren, die freigesprengten Geister seiner Zeit, schaukelten den Schreiber in halb bewussten Wellen, überspülten ihn, bald tauchte er wieder auf, sank erneut – und zuletzt hatte Senger noch ein Bild:

Agnes – eine zerbrochene Laute im pestverseuchten Meer.

II.

Woher nie Gefahr ausging, wo alles gewohnt Schritt hielt, war bei Joseph. Der «Nachtrath» verstand es, für den Stadtschreiber alle Schlösser aufzuschliessen, im übertragenen Sinn. Joseph ging nachts an jeder Tür vorbei und sah dabei durch jeden Spalt, im übertragenen Sinn. Dank ihm war Senger über alles in der Stadt im Bild.

«Du erschliesst mir den Bürger», hatte er zum Wächter gesagt, «und das wird der Schlüssel sein zu unserer Unabhängigkeit.»

Zur sechsten Nachmittagsstunde hatte Joseph dem Schreiber eine ungeheuerliche Nachricht überbracht. Es erforderte Mut; Senger sollte darin einmal mehr die Tapferkeit des alternden Kriegers erkennen, seine unbedingte Loyalität. Er sah den Wächter an der Türe stehen, als er, wegen der dringlichen Aufsetzung des Dekrets zum Redeverbot, später als sonst nach Hause kam. Joseph wusste, wie schwierig in diesen Wochen das Protokollieren ständig wechselnder Meinungen war. Seine Mitteilung würde den Schreiber noch tieferen Kummer bereiten, ihn noch einsamer machen. Für einmal wusste der Stadtrat bereits Bescheid, stand hinter dem Beschluss der gnädigen Kirchenherren von Bern, während Stadtschreiber Senger darüber in Unkenntnis gelassen worden war.

«Seiler», sagte Joseph, «wird in sieben Tagen ertränkt.»

«Und seine Frau?», fragte Senger sofort. Agnes und Elisabeth, Seilers Frau, waren enge Freundinnen geworden, seit sie Pfistermeyer folgten.

«Die Elisabeth wird verbannt.»

«Also dürfen die beiden», murmelte Senger, «nicht gemeinsam sterben. Wie grausam … Der Stadtrat handelt nur noch kopflos, in blinder Vollstreckung dessen, was die Reformation beschliesst.»

Heinrich Seiler, der Hutmacher, und Elisabeth hatten sich kennengelernt bei den Täufern und sich, beide schon verheiratet, spät verliebt. Hatten eine Liebe gefunden, die ihnen erst jetzt wahr vorkam, und vermischt mit spätem Wahn. Darum ein Wahn, dachte Senger, weil sich Liebe in ihrem Fall nicht aus dem Herzen nährte, wie es einzig richtig war, sondern von Ideen. Ideen waren keine Saat für Liebe, davon war Senger überzeugt. Ideen taugten nicht mal als Zugbrücke oder Leiter, um Gräben zu überwinden; die baute nur die Illusion. Es brachte Fluch über jedes Zeitalter, wenn Ideen nicht bloss den Kopf, sondern auch das Gefühl besetzten. Etwa im Wahn, Kinder nicht zu taufen.

Die Täufer sagten – und bald auch der Hutmacher und seine Frau –, die Kinder sollen bei entwickeltem Verstand selber entscheiden über ihre Taufe, als Erwachsene. Was bedeutete, dachte Senger, dass ihre Seelen während der bedeutsamsten Zeit, während der einzigen Zeit, da sie in aller Unschuld den Engeln glichen, eben nicht unter ihnen aufgehoben waren. Senger war Katholik, nicht aus Überzeugung, sondern altgläubig aus Überlieferung. Eine grössere Selbstherrlichkeit konnte er sich nicht ausmalen: Gott einfach hinzuhalten, bis die Willkür – nicht der Willen – jedes Einzelnen sich mit Ihm arrangiert hatte.

Nicht anders muss sich dann auch der grösste Skandal der jüngeren Stadtgeschichte abgespielt haben, selbstberauscht und überheblich: Heinrich in seinem dreistöckigen Haus mit dem blühenden Hutgeschäft, und Elisabeth mit ihren glänzenden Verbindungen, ihrer Musikalität, ihrem Eintreten für Kranke und Sieche, lösten über Nacht die alten Ehegelübde, die ihnen bis dato ein zwar dünnes, aber freundschaftlich häusliches Glück eingebracht hatten, gefestigt vom Ansehen als Bürgerpaar der Stadt – sie «sprengten alle Ketten», wie sie selber sagten, so überspannt hätten sie früher nicht geredet –, um ein neues Leben anzufangen, nahezu so arm, wie Elisabeth in ihrem Hospiz einst die Armen angetroffen hatte.

Das Paar verlor jedes Augenmass für Schicklichkeit. Es missachtete die Weisheit des Gebotenen und Gewohnten. Als Reformierte wären sie in Bern nicht bloss geduldet gewesen, sondern willkommen. Aber sie radikalisierten sich weiter, führten sich auf wie Lustketzer und waren in Bern oder Zürich bald nicht einmal mehr geduldet. Nicht im Baselbiet oder Elsass, nicht mal mehr im fernen Mähren.

Am Anfang hatte man noch «disputiert». Heinrich, ein Mann mit geschickter Zunge, war nach Zofingen und Bern gereist. Einst klar und besonnen, brauste er jetzt schon bei der Frage auf, was eine «Disputation» zwingend voraussetze: nicht bloss die Kenntnis des Neuen Testaments – das verlangten die Reformatoren in Bern –, sondern auch des Alten. Das Pfaffenlächeln, mit dem sie ihre Forderung begleiteten, missfiel Heinrich genauso wie ihr Ausdruck der «*verfüerischen Sect*», der er angehöre. Obwohl Heinrich das Alte Testament kannte, stellte er sich stur: Bezüge ergaben sich nur zum Neuen. Der Friedenspfad, zurück in die reformierte Kirche, war damit verbaut. Die Reformation zog jetzt den Abtrünnigen Halseisen und Daumenschrauben an. Die Täufer wurden verfemt, verfolgt, gefangen genommen, gefoltert und ersäuft.

Seit der gescheiterten «Disputation» schmachteten Heinrich und Elisabeth im «Häxeloch» des Obertor-Turms. Ein schlimmeres Verlies gab es nicht. Trotz der gegenwärtigen Schwüle war es dort feucht, zugig und kalt. Jeder Unglückliche litt nach wenigen Tagen an der «Gsüchti». Nach Ablauf eines halben Jahrs waren die meisten tot.

Dahin hatten sie eines Morgens auch Agnes verschleppt, Sengers Frau. Die Urteile für Elisabeth und Heinrich, Ehebrecher und Sektierer, standen fest: Der Hutmacher wurde in der Aare ersäuft, Elisabeth aus der Stadt gejagt. Senger ahnte, was bald mit Agnes geschah; er musste Joseph nicht darnach fragen. Der Nachtwächter wusste nichts; sonst hätte er es dem Stadtschreiber gesagt, so einfach wie alles andere.

«Wie alles andere ...» – das bezog sich auf die heimliche Romanze zwischen Pfistermeyer und Agnes, dem «Täuferlehrer» und Sengers Frau. Neben Hutmacher Seiler und Elisabeth schon das zweite Paar, das im Glutofen der Täuferdem sechsten Gebot spottete. Täufer waren Leute mit frugalem Tisch, Büsserhabitus und eiserner Zucht; ihr Feuer erschien Senger irgendwie kalt. Aber gerade kaltes Fieber, glaubte er, passte zum Wahn und wirkte sich verheerend aus auf die ganze Person, wie eine Entzündung im Kopf.

Senger stellte seiner Frau und Pfistermeyer nicht sogleich nach.

Von der Jagd wusste er, dass man auf direkter Linie, mit blindwütigem Eifer selten erfolgreich war. Gute Jäger lagen auf der Lauer. Senger schickte sporadisch seinen sanften Jäger aus. Joseph zog auf seinem ordentlichen Gang nun bisweilen einige Kreise enger. In Kreisen näherte sich Senger so der Wahrheit an. Eines Tages stand sie fest, auch wenn Joseph die beiden Sünder nie in flagranti erwischt hatte und auch sonst nicht in der Lage war, einen untrüglichen Beweis beizubringen: Pfistermeyer hatte Agnes verführt. Sie gab ihm das Ohr, ihren Geist, ihr Fleisch. Es überraschte Senger nicht, dass die beiden in den Turmkerker überführt worden waren. Nach seiner Einschätzung hatte das Urteil gegen den Hutmacher und Elisabeth den Charakter einer Präzedenz: Das gleiche Verdikt würde nun auch Agnes und Pfistermeyer widerfahren.

An dem Punkt wendete Senger die Decke zum letzten Mal im durchgeschwitzten Bett. Vor den bleigefassten Fenstern erhellte sich das Blau. Vögel sangen, Hähne krächzten. Bauernweiber trieben Schwein und Gans durch die Gassen zum allmorgendlichen Markt. Der neue, von anderen nicht zu unterscheidende Tag, dachte Senger, allen gleich flüchtig, ihm ewig eingebrannt, sollte zum Tag der Entscheidung werden.

III.

Senger hatte Joseph in vertraulicher Mission auf einen forschen Ritt geschickt – nach Bern. Mit einer eiligen Depesche in der Ledertasche. Joseph war wetterfest und ein vorzüglicher Reiter. Vor allem brauchte er in drei Tagen kaum eine Mütze voll Schlaf, würde also keine Zeit verlieren, es sei denn, er wurde durch andere aufgehalten.

Für einen Wächterersatz auf den Stunden-Rundgängen hatte Senger gesorgt, ebenfalls im Geheimen. Der Mann, reichlich besoldet, sollte eine Kapuze tragen. Das war bei der Schwüle nicht angemessen, aber bei Nachtwächtern auch nicht ungewöhnlich. Viel reden musste der Mann nicht; Josephs Hauptmerkmal in den Gassen war stets seine Zurückhaltung und Schweigsamkeit gewesen.

Senger hatte sich die Zuspitzung der Lage nochmals detailliert vor Augen geführt. Alle strittigen Fälle studiert, die vor dem Tribunal in Bern verhandelt worden waren. Vor allem untersuchte er die Argumentationsweise, mit der das Gericht jeweils seine Urteile begründete. Darin erkannte er gewisse Muster. Das Gericht beurteilte alle Fälle mit einer nicht unbedingt augenfälligen, aber nachweisbaren Einheitlichkeit. Wurde einem Unglücklichen eine bestimmte Strafe auferlegt, konnte der Nächste damit rechnen, mit gleicher Elle behandelt zu werden. Wenn er, der Stadtschreiber Senger, sicherlich eine Stimme mit Gewicht, nun dieser Richtschnur folgte und, darauf abgestützt, in Bern einen eigenen Vorschlag zur Güte unterbreitete, dann, so hoffte er, konnte sich womöglich das Schicksal der Gefangenen im Obertor noch wenden. Mindestens würde die letzte schreckliche Konsequenz vermieden und dadurch das Unglück aller leichter – vor allem das Schicksal seiner Frau Agnes. Die Sache eilte. Das hatte er Joseph bei Antritt der Mission eingeschärft. Am Vorabend hatte Joseph gehört, Agnes sei im Hexenloch – abgemagert, krank oder trübsinnig geworden – am Sterben.

Viele Täufer waren Mitstreiter der Reformatoren gewesen, zum Teil gar Freunde. Von nah besehen, dachte Senger, unterschied sich ihre Gesinnung keinesfalls fundamental von den Erneuerern. Sie drehten das Rad einfach um eine oder zwei Speichen weiter. Vielleicht dachten sie auch einen halben Gedanken kühn zu Ende.

Die Zwietracht bei strittigen Fragen wurde nach Sengers Dafürhalten beidseits geschürt und überladen, unredlich, heillos und fahrlässig. Wahrscheinlich wie so oft zum Zweck, verborgene Motive mit dem Lärm zu übertönen. Gründe, die bei Licht betrachtet manchem erhabenen Kopf genierlich gewesen wären. Einfach darum, weil den edlen Worten keine edlen Taten folgten. Sondern politisch-taktische Winkelzüge, an den Tag gebundene Intrigen, um die Vormacht zu behalten. Die, welche ans Ruder gelangt waren, wollten um jeden Preis da stehen bleiben und die schwer erkämpfte Hoheit über das Wort nie wieder aus den Händen geben. Aber weht der Heilige Geist, kaum anders als der Wind, nicht wo es ihm gefällt? So wie die Täufer glaubten: redet bei wundersamer Eingebung mit Engelszungen auch durch den Mund des Geringsten.

Senger musste sich zur Geduld ermahnen. Joseph blieb länger weg, als er das erwartet hatte. Schneller als er kam niemand von Bern zurück, um Senger mitzuteilen, wie das Gericht seine Fürbitte aufgenommen hatte. Erst bei Morgengrauen des dritten Tags klopfte es unten an der Tür. Joseph stand draussen, von seinem Schimmel tropfte der Schaum. Joseph übergab Senger einen versiegelten Brief der Gnädigen Herren.

Allem wurde stattgegeben, wie Senger das erfleht hatte: Hutmacher Seiler konnte mit seiner Frau aufbrechen und reisen, wohin er immer wollte, ausser nach Bern oder Zürich. Das Gleiche galt für Pfistermeyer. Hier hatte es in letzter Minute einen Umsturz der Dinge gegeben.

«Pfistermeyer hat widerrufen», sagte Joseph, «jeden Punkt, jede einzelne Lehre. Er bleibt in Bern, künftig im Dienst der Reformatoren.»

Sengers Groll war kurz über den Abfall des Bäckers. Kurz deswegen, weil Senger seine Menschenkenntnis bestätigt sah, aber keine Genugtuung verspürte, Recht gehabt zu haben. Pfistermeyer hatte er immer als Lump angesehen, als billigen Verführer und darum auch feigen Verräter. Er eilte mit Joseph voller Sorge zum Obertor-Turm, um Agnes vom guten Ausgang des Prozesses in Bern zu erzählen. Als die beiden ankamen, stand der Gefängnisaufseher auf, entzündete im Beisein der Herren die Kerze auf dem Tisch, zog den Hut und sagte nichts.

Agnes war gestorben, ohne die Sterbesakramente empfangen zu haben. Senger musste sie ausserhalb der Stadt, auf der Rüttmatt, begraben.

INRI

Martin R. Dean

Wie sieht dein Gott aus?

Es gibt ein Bild des spanischen Malers Francisco de Zurbarán, das den heiligen Lukas zeigt, wie er neben Jesus am Kreuz steht, mit der Malerpalette in der Hand, und sich überlegt, welches Bild des Gekreuzigten er malen will (Francisco de Zurbarán: Heiliger Lukas als Maler vor dem Gekreuzigten, 1635). Der Blick des heiligen Lukas, in dem wohl auch ein Selbstportrait des Malers steckt, geht voller Verehrung, Andacht, aber auch voller Selbstzweifel nach oben. Wie will er den Gekreuzigten darstellen, welches Bild soll er sich von ihm machen?

Obwohl Zurbarán Katholik ist, hat mich, der ich protestantisch erzogen wurde, diese Direktheit des Zugangs zu Jesus und dem Göttlichen berührt, weil sie mir nie gegeben war. Wie wohl die meisten trug ich das Jugendbild Gottes lange nach dem Vergehen der Jugendzeit weiter mit mir. In Menziken geboren und dort während des ersten Dezenniums aufwachsend, war der Gott meiner Kinderbibel bärtig und weiss, ein alter, mächtiger Mann, der eine Art Fantasietoga trug. Zu sagen, dass dieser Mann gütig oder milde war, würde mir auch heute nicht leicht fallen. Sein drohendes Angesicht steckte zwischen Wolken. Er hatte etwas Atmosphärisches, gemahnte mich an Winde und Sturm. Meine Grossmutter, die nach dem ersten Weltkrieg aus dem nordostdeutschen Rügen eingewandert war und viel Leid erlitten hatte, führte diesen Gott als einen Wüterich oft im Munde. Er verbot, was sie, die mich erzog, verboten haben wollte: das Stehlen, Lügen und Naschen. Und natürlich jede sexuelle Neugier. Der Gott meiner Grossmutter war «gschaffig», das «Chrampfe» gehörte zu seinen obersten Geboten, obwohl meine Grossmutter, eine Lohnarbeiterin mit bitter kleinem Salär, nicht von der denkwürdigen, von Max Weber beschriebenen Verbindung zwischen protestantischer Ethik und kapitalistischem Geist profitierte. Erst nach ihrem Tod entdeckte ich, Ironie des Schicksals, dass sie ihr gespartes Geld in der grossen Hausbibel aufzubewahren pflegte.

Der Gott meiner Grossmutter Erna Meta war der Herr ihrer Rachegefühle gegenüber dem Schicksal, ein Gott, mit dem nie gut Kirschen essen war. Sie rief ihn an, wenn es stürmte und der Blitz ins Haus zu fahren drohte. Sie betete, wenn es Anlass dazu gab. Meine Grossmutter pflegte diesbezüglich einen eigenwilligen Umgang mit ihrer Religion. In die Kirche ging sie nur, wenn die Nachbarn davon Kenntnis nahmen. Der Kirchturm der protestantischen Kirche in unserem Dorf war jedoch vom Haus aus sichtbar und verschaffte ihr ein stetig schlechtes Gewissen. In hohem Alter vermischte sich ihr Gottesglauben mit dem Aberglauben: Fiel ein Bild herunter, war das ein Zeichen Gottes, versammelten sich schwarze Vögel auf dem Apfelbaum im Garten, drohte das von Gott angekündigte Unheil. Und das Unheil kam früh, als ihr erster Mann bei einem Zugunfall zu Tode kam und danach die erste Tochter an Diabetes starb.

Ihr zweiter Mann, mein Grossvater Eddie, war aus dem angrenzenden katholischen Kanton Luzern als zwölftes Kind einer Bauernfamilie ins Aargauische eingewandert. Aus Protest gegen seinen Pfarrer, der ihn zu schlagen pflegte, trat er zum protestantischen Glauben meiner Grossmutter über. Selten sah ich ihn eine Kirche betreten.

Auch mein Pfarrer im Konfirmandenunterricht, ehemaliger Lokomotivführer und Quereinsteiger, zeigte einen unstillbaren Hang zum Dreinschlagen. Er war im Aktivdienst gewesen und sein Gott war ein gerechter und jähzorniger. Mit dröhnender Stimme schritt der grosse Mann mit geblähten Nüstern predigend durch die Schulbänke, drehte sich blitzschnell um und verabreichte einem schwatzenden Schüler ohne Vorwarnung eine Ohrfeige. Mädchen kriegten Kopfnüsse.

Wie hätte ich Zwiesprache mit diesem Gott halten können? Dieser Gott war mir fern. Kann man aber, ohne ein Bild Gottes in sich zu haben, religiöse Gefühle entwickeln? Kann man als Jugendlicher eine Verbindung zum Göttlichen herstellen, ohne dass man sich eine liebenswerte Vorstellung von Gott macht?

Der Protestantismus, gegenüber den Abbildungen die Schrift favorisierend, lag mir nahe. Er lag auf halbem Weg vom Wohnhaus in Menziken zur Kirche und trat als Sonntagsschule in mein Leben. Dort hörte ich, lange vor den Geschichten aus dem Aktivdienst und den Schrullen von Zwieback und Gamelle, zum ersten Mal die Erzählungen aus dem Evangelium. Die Geschichte des Träumers Daniel in der Löwengrube, die vom Auszug von Adam und Eva aus dem Paradies, von der Versuchung des Heiligen Johannes; aber auch die neutestamentlichen Geschichten der Sterndeuter, der von Jesus vollbrachten Wunder und seinem Gang übers Wasser. Die Engel, besonders der Erzengel Gabriel, faszinierten mich. Instinktiv spürte ich, wie weit diese Geschichten in die Menschheit zurückreichten. Und erfasste, welche Bedeutung Worte haben können. Sie brachten die Menschen zu sich und näher zu Gott.

Vielleicht erinnerte ich mich auch an diese Stunden in der Sonntagschule in Menziken zurück, als ich, an der Universität die Macht der Mythen analysierend, zum Schreiben fand. Ich studierte gleichsam die Geburt des Romans aus dem Geiste der Mythen und Urgeschichten. Letztlich entstammt die Literatur wohl dem Gebet, denn die Zwiesprache mit Gott steht derjenigen mit dem Leser Modell. Deswegen ist Überlieferung immer mehr als nur Kommunikation: Sie ist Heilung und Selbstversicherung in einem.

Die Reformation brachte ein Element in unsere westliche Kultur, von der die Literatur bis heute das Wesentliche übernommen hat: den Glauben an die Schrift. Es ist der Glaube, dass Sprache, Sprach-Bilder, den Mensch formen. Mit dem Protestantismus eröffnete unsere Kultur einen Raum der Exegese, der Auslegung der Schrift, der als eigentlicher Reflexionsraum des Individuums zentral geworden ist. In den Geschichten erkennen wir uns wieder, ohne diese Geschichten bliebe das eigene Leben ausdruckslos. Mit besonderer Schärfe tritt jedoch heute das Ende des Primats der Schrift zutage. Die elektronischen Medien lassen den symbolischen Raum, der durch das Zögern, Auslegen und Verzögern entsteht, zusehends schrumpfen. Sie verlocken den Menschen, ihre Affekte sozusagen in elektronischem Tempo, per Mausklick, zu veräussern.

Schriftsteller sein heisst, von der Wirkmächtigkeit der Narration auszugehen. Literatur wie Religion stellen Bindungen her und bringen das Unsagbare zur Sprache. Sie geben dem eine Sprache, dem sie fehlt. Sie deuten ihm die Welt, die ohne Deutung nicht wäre. Wobei das Verhältnis der beiden zur Wahrheit durchaus verschieden ist. Ist Gott im Herzen des religiösen Menschen die Wahrheit, muss die Literatur ohne die Behauptung der Wahrheit auskommen: Sie beschwört diese durch ihre Abwesenheit.

Zu den Erzählungen, die sich mir eingeprägt haben, gehört auch das Gleichnis vom «Verlorenen Sohn», das Jesus im Lukasevangelium (Lk 15,11–32) erzählt. Dieses Gleichnis hat sich mir, der ich selber durch meine beiden Väter* eine Art «verlorener Sohn» bin, eingeprägt. Gleichzeitig ist es eine der Basisnarrationen unserer vaterrechtlich geprägten Kultur. Es beschreibt das Weggehen eines von zwei Söhnen vom

Vater, was, der patriarchalen Vorgabe entsprechend, wohl gleichbedeutend ist mit dem Auszug aus der Familie. Dieser Sohn verlangt das Erbe, das ihm sein Vater widerstandslos überreicht, und zieht hinaus in die Welt. Nachdem er in der Welt Erfahrungen gesammelt hat – auch «schlechte Erfahrungen» sind «gute» – kehrt er, nun in Not, zu seinem Vater zurück. Und dieser nimmt ihn, ohne Reuegefühle und gegen den Widerstand des neidischen Bruders, in seine Arme.

Zieht man den moralisierenden Unterton ab, der historisch wohl dem Zusammenhalt des eigenen Stamms geschuldet sein dürfte, bleibt eine wunderbare Entwicklungsgeschichte. Wie tausendachthundert Jahre später im Gedicht «Zwei Gesellen» von Eichendorf zieht der eine aus, um die Welt zu «erobern» und wird, trotz seines Scheiterns, vom Pater familias wieder aufgenommen. Wie klein aber ist das Herz desjenigen, der nichts wagt, der zu Hause hockt und innerlich verkümmert? Loslösung und Welterkenntnis gehören zur Entwicklung des Menschen. Dass diese Aussage gleichnishaft vielleicht auch das Verhältnis des Menschen zu Gott beschreibt, macht sie zu einer grundlegenden Narration unserer Kultur. Allein dass auch Odysseus nach einer zwanzig Jahre währenden Selbstfindungsreise wieder nach Hause zurückkehrt, offenbart das tiefliegende Muster, das die Bibelerzählung ausführt. «Und meine Seele spannte / Weit ihre Flügel aus», schreibt Eichendorff, «Flog durch die stillen Lande, / Als flöge sie nach Haus.» (Mondnacht, 1830)

Es ist fraglich, ob in anderen Kulturen diese Dialektik des Fortgehens und Heimkommens ebenso gegenwärtig ist wie in der abendländischen. Die Geschichte vom verlorenen Sohn ist nur eine Variante dieser ontologischen Struktur; aber sie prägt unser Leben bis heute. Wir wiederholen das Weggehen und Zurückkommen auf unendlich vielen Ebenen, beruflichen wie privaten, spirituellen wie materiellen. Denn Erfahrung sammelt nur der, der sein «Ich» verlässt, um, wie jedes Märchen weiss, bereichert wieder heimzukehren. Ob der Heilige in Zurbaráns Gemälde im Angesicht des Gekreuzigten ein Heimkehrender oder Fortgehender ist, wissen wir nicht. In jedem Fall aber hält er Zwiesprache mit einem Gott, in dem er wohl auch sein eigenes Gesicht erkennt.

*Siehe auch: Martin R. Dean, Meine Väter. München 2003

Claudia Storz

Quasimodo – Tumult in Genf
Ein Theaterstück über die Reformation

PERSONEN

Marie Dentière	Reformatorin
Jeanne de Jussie	Äbtissin
Farel	Reformator
Froment	Reformator
Calvin	Reformator
Roberte	Kind von Marie
Blaisine	Nonne
Bürgermeister	
Rat 1	
Rat 2	
Ratbote	
Bänkelsänger	
Die Wohlstandsgesättigten	
Die Genfer	
Nonnen	

ERSTER AKT
Die Introduktion

Prolog
Musik – Chor

Kartonsäulen auf der Bühne. Auftritt der Säulen-Heiligen. In der Mitte Magdalena, die Jesus die Füsse wäscht. Rechts Jeanne. Links Marie. Ebenfalls Säulen.

Das Kind Roberte kommt und kniet andächtig vor Magdalena nieder. Abgang der Heiligen, ausser Roberte und Marie.

Bänkelgesang 1

Wir kennen Calvin und Luther,
Doch niemand kennt Marie;
Die kühne zweifache Mutter,
Von ihr hört man hier nie.

Doch seht nun, was in Genf geschieht;
Uns alle geht's was an,
Als sie hierher aus Flandern flieht
Mit ihrem ersten Mann.

Trotz seines Tods und grosser Trauer
Will sie die Kirche reformier'n;
Ihr Kampf ist dann von langer Dauer,
Auch Jeanne wird sich nicht zier'n.

Die kühne Marie Dentière,
Die erste Protestantin,
Von ihr handelt dies Stück hier,
Ist nicht Calvins Infantin.

Szene 1

Farel, Roberte und Marie

Farel: Bonjour jeune fille, wer bist denn du?

Roberte: Ich bin Roberte! Roberte Simon oder Roberte Dentière – je nachdem und wie Ihr wollt, denn mein Vater ist tot und meine Mutter lebt!

Farel: Ah … Du bist ihr Sohn? Ein gewitzter Junge?

Roberte: Nein, Roberte! Mit e hinten! Leider hiess mein Vater so! Ich wär lieber ein Bub!

Farel: Dentière tönt für mich gut, Roberte auch! Ich bin Farel! Dann ist Marie Dentière deine Mama?

Er streckt ihr die Hand hin, aber sie rennt weg.

Die Säule Marie beginnt sich zu bewegen.

Farel: Guten Tag, Madame Dentière, ich möchte Euch mein Beileid ausdrücken. Ich bin Guillaume Farel. Ich kannte Euren Ehemann, den Pastor Robert Simon, während vielen Jahren. Wir trafen uns schon in Strassburg.

Marie: Bonjour Monsieur! Ich erinnere mich. Ihr wart einer der wenigen Treuen, die uns bis hierher mit Briefen und Gedanken begleitet haben … Und jetzt ist Robert tot, ich bin untröstlich. Meine zwei Töchter sind noch Kinder … Roberte …

Farel: Ein herziges Kind … Das tut mir so leid! Ich hoffe aber, Ihr seid gut aufgenommen in der Romandie? Stimmt es, dass Ihr als 28-Jährige die jüngste Priorin der Augustinerinnen in Flandern wart, bevor Ihr mit Simon floht?

Marie: Oh ja, ich hörte bereits früh die Geschichte von Luther und seinen 95 Thesen zu Wittenberg. Mein Vater interessierte sich für den Lauf der Welt und das hat mich beeindruckt. Da haut doch dieser Priester mit Hammer und Nägeln ketzerische Thesen an die Kirchentür!

Farel: Eine wichtige Tat für uns alle. – Wie habt Ihr denn Robert Simon kennengelernt?

Marie: Er predigte in unserer Klosterkirche. Wir Frauen hatten ja kein Predigtrecht. Als ich hörte, wie Robert Simon von Luther sprach und – von Mördern, die ihre Sünden vom Bischof, mit einer zünftigen Geldspende, einfach vergeben liessen, da begann ich mich für die Reformation zu begeistern. Und ich begann mich auch für den jungen Pastor zu interessieren ... Traurig, dass uns zu wenige gemeinsame Jahre vergönnt waren. Er hätte so viel Wichtiges für die Kirche leisten können, jetzt wo die Gedanken von Luther auch hier keimen!

Farel: Ah, Ihr unterschätzt uns Genfer, liebe Marie! Es sind nicht Luthers Gedanken, hier in Genève. Doch wir haben mit Jean Calvin unseren eigenen Denker und Reformator. Und ich darf es sagen – wir sind fortschrittlicher als Luther. Der huldigt noch immer dem Exorzismus, er glaubt, dass sogar Kinder teuflische Missgeburten sein können. Auch im Bauernkrieg hat er seine eigenen Thesen verraten. Ich darf behaupten, wir haben von ihm gelernt und selbst weiter gedacht!

Marie: Wir Frauen denken da nochmals anders, Marguerite von Navarra sagt ...

Farel: Calvin ist erst 23 Jahre alt. Und mein Freund Froment ist ebenfalls ein wunderbarer Wortführer der Reformation.

Marie: Wir Frauen haben noch zusätzliche Ideen ...

Farel: Froment wurde eben Witwer und ist dazu viel zu jung.

Marie: Froment? Ich habe ihn einmal getroffen, ein gross gewachsener Mann – er trug damals ein rotes Samtbarett – mit viel Charme und unglaublich redegewandt ...

Farel: Auch Ihr seid jung, Marie. Niemand würde vermuten, dass Ihr bereits Mutter zweier liebreizender Töchter seid! Wenn Ihr möchtet, lade ich Euch gern mit Antoine

Froment gemeinsam ein. – Das Zölibat der Prediger ist einer der allerersten Zöpfe, die fallen müssen. Und da brauchen wir starke Frauen, die dahinter stehen! Ich weiss, dass Witwen mit Kindern ein hartes Brot essen und bin gut im Kuppeln von Paaren!

Marie: Ihr geht zu weit, Farel! Ich habe meinen Mann sehr geliebt und er bleibt für immer in meinem Herzen. Ich bräuchte eher wieder einen gesetzten, rechtschaffenen Vater für meine beiden Töchter als einen feurigen Jungspund in meinem Bett!

Bänkelgesang 2

In Flandern weht ein neuer Wind,
Durchweht Paläst und G'mäuer;
Aus deutschen Landen bläst er g'schwind,
Entfacht ein riesig Feuer.

Was in Wittenberg begonnen,
Lodert über die Landen;
Ist weiter bis nach Genf geronnen
Zu Farel (oder: Calvin?), Marie und andern.

Sie rufen laut, was sie bewegt,
Verkünden es in Thesen:
Die Kirche lebt in Saus und Braus,
Das Volk zahlt alle Spesen!

Szene 2
Tumult in Genf

Die Genfer Reformatoren und Mitläufer
Einsatz Musik – Chor – dazu Text und Handlung

A: Es weht ein neuer Wind in Genf!
Tutti: Es weht ein neuer Wind in Genf!
B: Einzig das Bibelwort soll in Zukunft zählen.
C: Sünden sollen sich nicht mehr mit Geld loskaufen lassen.
D: Kirchen sollen arm sein und Gutes tun, keine Pfründe anhäufen.
E: Gott spricht selbst zu uns und wir richten das Wort an ihn.
F: *Ecclesia semper reformanda est.*
G: Die Kirche soll sich immer erneuern.
Tutti: Es weht ein neuer Wind in Genf!
A: Nieder mit den Bildern und den Talaren!
B: Wir brauchen keine Heiligen als Torhüter zu Gott.
C: Öffnet das Tabernakel!
D: Gebt die Hostien den Ziegen zu fressen!
E: Lasst uns das Weihwasser saufen!
F: Weg mit Prunk und Statuen!
G: Endlich sind Kirchen für alle da!
H: Die Pfaffen sind nicht allmächtig!

Es fliegen die ersten Kartonsäulen und Hostien.
Das Tabernakel wird geplündert und niedergerissen.

I: Lasst uns die Glocken niederreissen! Sie haben ausgeläutet.
Tutti: Lasst uns die Glocken niederreissen!

Ab.

Szene 3

Die Wohlstandsgesättigten 1

Zyniker:	Was die wieder einen Aufruhr machen!
Zufriedener:	Hauptsache uns geht's gut.
Fragende:	Woher diese Unzufriedenheit?
Fatalist:	Arme und Unzufriedene wird's immer geben.
Besserwissende:	Ein Aufruhr weckt ständig nur Unzufriedenheit.
Zufriedener:	Hauptsache uns geht's gut.
Fatalist:	Die Welt war immer in Herren und Mägde eingeteilt.
Zyniker:	Der Herr gibt's den Seinen.
Ängstliche:	Lieber still halten und zufrieden sein als ständig zu mäkeln.
Besserwissende:	Gott hat schon seine Gründe, dass er es uns gut gehen lässt.
Zyniker:	Von nichts kommt nichts.
Zufriedener:	Hauptsache uns geht's gut.
Fatalist:	Lasst uns den Frieden im Land geniessen!
Ängstliche:	Wenn die so weitermachen, lässt die Pest nicht mehr lange auf sich warten.
Zyniker:	Und was das wieder kostet! Habt ihr schon mal ans Budget gedacht?

Szene 4

Nonnenchor, Jeanne de Jussie, der Bürgermeister, Rat 1 und 2, ein Bote

Psalmodie der Nonnen – Chor antwortet mit dem Halleluja

Nonnenchor:

Gestern haben die Ketzer die Glocken abgehängt.

Gestern haben die Häretiker die Hostien mit den Füssen zertreten.
Gestern haben die Lutheraner das Weihwasser einer Geiss zum Trinken gegeben.
Gestern haben die Evangelischen den Priestertalar zerrissen.
Gestern haben die Protestanten junge Nonnen zum Austritt aus dem Kloster verführt.
Oh weh, in welch böser Zeit leben wir hier in Genf!

Auftritt Jeanne mit Bürgermeister, Rat 1 und 2

Jeanne de Jussie: Herr Bürgermeister! Wir brauchen sicheres Geleit! Wir sind bedroht und fürchten um unser nacktes Leben! Wir sehen uns wohl gezwungen nach Annecy auszuwandern, die Herzöge von Savoyen scheinen uns vertrauenswerter als die Herren von Genève!

Bürgermeister: Verehrte Schwester Jeanne de Jussie! Ich bin in Ihr Kloster St. Claire gekommen, um die Messe zu hören. Wir sprachen mit Eurem Pater Beichtvater und ich darf Euch melden: Eure Schwestern sollen sich um nichts Sorgen machen, die Stadt nimmt sie in Schutz.

Jeanne: Die Protestanten sind gekommen und haben uns die Glocke abgehängt, sie haben die jungen Nonnen geschlagen, die sich gewehrt haben für unser kostbares Kruzifix. So bitten wir Euch, in grosser Demut uns in Eurer Obhut und Protektion zu erhalten, damit diese Feinde Gottes uns keine Gewalt und Belästigung antun können.

Rat 1: Es soll Euch keine Misshelligkeit zugefügt werden, diese Stadt will in gar keiner Weise und niemals lutherisch werden.

Jeanne: Ihr sagt das so schön, Herr Rat. Aber Sie wissen es: Schon 1530 wurden einmal alle Kirchen der Stadt ohne Ausnahme geschlossen, und es wurden weder Messen gelesen noch das göttliche Offizium gebetet, während diese falschen häretischen Eidgenossen sich in der Stadt aufhielten; eine Ausnahme machte lediglich unser eigener Konvent, das Kloster der heiligen Frau Klara, hier wurde niemandem der Zutritt verweigert! Der Pater Beichtvater und seine Gefährten lasen Messen bei offenen Türen, und manche Kapläne aus anderen Kirchen kamen in aller Heimlichkeit. Sie trugen ihre Priesterkleider unter ihren Armen. Die Kleriker und Ordensleute trugen Waffen mit, um unter den Ersten im Kampf zu sein.

Rat 2: Wir wissen das und sind entsetzt. Ich betone es noch einmal, verehrte Schwester, wir sind Anhänger der heiligen Kirche und werden Euch schützen!

Jeanne: Das sagt Ihr seit zwei Jahren! Stellt Euch vor, wir mussten unser schönes Kruzifix vor den ungläubigen Räubern verstecken!

Ein Bote kommt.

Bote: Guillaume Farel, dieser Hund, hat heute schon wieder in der Kathedrale Saint- Pierre eine Predigt gehalten. Er bestieg die Kanzel und predigte in deutscher Sprache! Seine Zuhörer sprangen über die Altäre wie Geissen und zerrten an den Bildern wie wilde Tiere!

Jeanne: Sehen Sie! Die Lutheraner sind falsche, häretische Hunde, plündern und verbrennen die wertvollen alten Bilder … Sie schütten auch die heiligen Salböle auf den Boden, mit grosser Abscheu und Verachtung, in einer Weise, wie es die mohammedanischen Türken und die ungläubigen Juden nicht hätten schlimmer tun können.

Bote: Auch leerten sie heute in der Kathedrale wieder die Weihwasserbecken aus. Sie spuckten und schneuzten sich in die heiligen Korporalien und wischten sich damit ab.

Rat 1: Mir hat man erzählt, dass sie in einer Kirche im Waadtland die heilige Hostie des Leibs Christi nahmen und sie einer Ziege zu fressen gaben. Dann sagten sie mit grossem Spott: «Geh jetzt ein in den Himmel, wann du willst, denn jetzt hast du deine Sterbesakramente!»

Jeanne: Wir glauben nicht mehr an die Stadt Genf.

Rat 2: Gott, unser Vater schützt Euch – so wie wir Euch weiterhin schützen werden!

Jeanne: Papperlapapp! Das sagt Ihr so leicht daher und das seit mehreren Monaten! Hört: Die Lutheraner nahmen mit der Pest infizierte Lappen und rieben damit die Türklinken ab und warfen infizierte Früchte auf die Strassen oder liessen ihre verrotzten Taschentücher fallen. Und alle, die diese Dinge an sich nahmen, wurden von der Pest befallen, und so starben viele angesehene Leute. Was mich besonders rasend macht, die Pest hat nicht die Häretiker dahingerafft, keinen einzigen, sondern unsere Leute! Ein Paradox! Was sagt Ihr dazu?

Bürgermeister: Gottes Willen ist unergründlich! Ich habe es betont, verehrte Schwester, wir sind Anhänger der heiligen Kirche und werden Euch und Eure Schwestern schützen!

Jeanne: Papperlapapp, geht, ich will nichts mehr hören! Wir Nonnen werden uns zu helfen wissen, wir sind nicht solche Schlappschwänze! Dass unser heiliges Haus St. Claire bis jetzt verschont blieb, das spricht eine eigene Sprache, nicht wahr?

Bänkelgesang 3

Ein Priester fand den Mut zum Protest,
Als schlimmen Ketzer nimmt man ihn fest;
Am Richtblock erleid't er unsägliche Pein,
Wir seufzen: «Herr, ihm soll Gnade sein!»

Ganz klar, dass man dafür ihn hasst,
Zum Weltenfluch ihn stempeln lässt;
Bestimmt, so legt man ihm zur Last,
Erzeugt' er gar in Genf die Pest.

Szene 5
Ein Pest-Totentanz

Musik Arvo Pärt: Da pacem domino

Szene 6
Marie trifft mit Farel auf Calvin und Froment.

Farel: Da ist sie, liebe Freunde. Ich darf sie Euch vorstellen, Madame Marie Dentière, die neu in Aigle wohnt, die Scharfdenkerin, die mit Marguerite, der Königin von Navarra, über die Rechte der Frauen in der Kirche diskutiert!

Froment und Calvin: Seid willkommen, Marie!

Calvin zu Froment: Ich hab mit ihr schon mal die Säbel gewetzt, ein rasendes Weib!

Farel: Sie kam aus Flandern über Strassbourg mit ihrem leider nun verstorbenen Mann. Die beiden haben eine hochbegabte Tochter, die jetzt schon Hebräisch lernt. Marie, ich stelle Euch Jean Calvin vor, und Antoine Froment, die klügsten Köpfe von Genf, die die korrupte Kirche erneuern wollen.

Marie: Seid gegrüsst, hohe Herren. Ich hatte ja schon mal die Ehre – mit Euch beiden! Froments feurige Rede habe ich bewundert und mit Euch, Meister Calvin, habe ich tatsächlich die Säbel gewetzt. Sie erinnern sich, wir stritten über die langen Talare! – Jetzt, wo mein Gatte gestorben ist, bin ich dankbar, neue Menschen mit denselben Gedanken zu treffen. Am liebsten würde ich natürlich auch hier kühne Frauen kennenlernen. Frauen, die schreiben und reden wie ich. Gibt es denn solche?

Calvin *(verlegen)*: Ich habe erst von einer einzigen Frau gehört, die es mit Ihnen aufnehmen könnte, denn die Genferinnen sind höflich, gut erzogen und wissen, was sich gehört. Sie mischen sich nicht in Männergeschäfte ein. Aber ich muss sagen, ich bin beeindruckt von den Texten der Jeanne de Jussie – diese Frau hat Rasse und böse Wörter – aber leider steht sie auf der Seite unserer Widersacher! Sie betrachtet sich als unsere ärgste Feindin. Man könnte sie Soeur Ennemi nennen.

Froment *(leiser zu Calvin)*: Sagt nicht solche Sachen! Diese Marie würde es wahrhaftig mit unser Feindin Jeanne de Jussie aufnehmen! Sobald Marie den Mund öffnet, kommt sie zur Sache und wagt es – allein hier als Frau uns Männern die Leviten zu lesen! Mir gefällt sie, hübsch sieht sie aus, wie alt mag sie sein?

Marie: Es kommt nicht von ungefähr, dass Christus sich – vor seinem Tod und nach seiner Auferstehung – Frauen offenbart hat und nicht Männern – und es kommt nicht von ungefähr, dass ein Mann ihn verraten hat und Männer ihn gekreuzigt haben.

Froment: Wollt Ihr uns Männer gar abschaffen, Marie? Was bringt Euch dazu, dass Ihr Euch trotzdem mit uns – ach so armseligen Männern abgeben wollt?

Marie: Ich habe meinen Liebsten verloren und trauere um ihn jeden Tag und jede Nacht im leeren Bett. Aber ich bin dankbar, dass meine zwei Töchter lebendiges Zeugnis dieser Liebe sind. Wir haben nicht zwei Evangelien, eines für die Männer und das andere für die Frauen!

Froment: Ich habe mir Euch als wahres Mannweib vorgestellt, aber ich muss sagen, Ihr wirkt fein und sittenhaft, trotz Eurer scharfen Zunge. Mir gefallen solche Frauen und sie tun unserer Sache gut!

Marie: Ich habe von Farel gehört, Meister Calvin, dass Ihr dieselben Gedanken im Kopf tragt wie Meister Luther, auch was die Heirat der Priester betrifft?

Calvin: Nun ja, Luther hat für uns anno 1517 die Tore aufgestossen, seine Bekenntnisse bewegen uns. «Nur der Glaube, nur die Gnade, nur die Bibel sollen uns leiten», sie haben uns vom Teufel und der Angst vor ihm befreit. Luther war kühn, so mutig, so neu – bei allem, was man ihm auch vorwerfen kann! Und natürlich hat er seine kluge Katharina von Bora geheiratet. Als einer seiner Nachfolger denke ich etwa über die Symbolik des Abendmahls nach oder über eine finanzielle Gerechtigkeit für alle Menschen. Warum sollen wir nicht wieder einführen, was die Juden erfunden haben, das Geldleihen mit Zins?

Marie: Ist Jesus nicht ebenso wegen unwissender und dummer wie wegen Herren mit rasierten und geschorenen Köpfen und Bischofsmützen gestorben? Sind wir nicht alle im Namen Christi getauft? Arm und reich, Mann und Frau?

Froment *(sieht Marie eindeutig an)*: Ja, Marie! Auch ich bin eben Witwer geworden und bin in Trauer. Auch ein Priester, der eine Frau liebt und eine Familie hat, kann ein guter Seelsorger sein. Ich fühle mich wie amputiert seit dem Tod meiner Frau.

Calvin *(zu Farel)*: Wir müssen aufpassen, dass es Froment nicht zu sehr den Ärmel hineinzieht. Die zwei gemeinsam wären zu starker Tobak!

Farel: Keine Angst, Calvin! Das sind die Frauen unserer Zukunft, wir Reformatoren wollen ja weg vom Klerus in den schwarzen Talaren!

Calvin *(unterbricht die Zweisamkeit zwischen Marie und Froment)*: Ja, Marie, das habt Ihr richtig gesagt, über die Kleider, die langen Roben! Ihr möchtet, dass wir Reformatoren in einer hübscheren, kürzeren Robe auftreten.

Marie: Ich habe in Genf schon alle Geschäfte danach abgeklappert.

Calvin: Sehen Sie, Farel, wohin wir kommen, wenn Frauen in der Reformation mitreden, dann reden wir über Kleider.

Froment: Nicht das schlechteste Thema!

Marie *(zu Calvin)*: Ich habe Eure Predigt gehört, Ihr sagtet: An den langen Roben erkennt ihr die falschen Propheten!

Froment: Marie, Ihr gefallt mir immer besser, auch ich trage gerne Samt und neue französische Roben!

Farel *(zu Calvin)*: Wenn Froment und Marie sich zusammentäten? Solche Paare kann die Kirche brauchen. Ihr seid noch jung, Calvin, da verstehe ich Eure Angst vor starken Frauen! Aber das Fussvolk unserer Kirche sind die Frauen und ein solches Vorbild wie Marie Dentière kann unserer jungen neuen Reformationsbewegung nur nützen!

Froment: Ich sehe schon, Marie, Ihr tretet munter in jedes Fettnäpfchen hier in Genf. Das kann böse enden, denn die Evanglischen hier sind eitel und nicht so modern, wie Ihr Gatte es war. Darf ich mich Euch denn als Schutz- und Wachhund anbieten?

Marie: Einen Wachhund brauche ich nicht, aber einen neuen Freund gewinne ich gern. Ihr habt mir letztes Mal schon imponiert mit Eurem roten Sammetbarrett!

Bänkelgesang 4

Nonne Jeanne war die Klarissin,
Schrieb fürs Kloster Tagebuch;
Eine scharfe Kolumnistin –
Und am Schluss dann gar Äbtissin,
Bis Marie kam zu Besuch.

Beide wetzen sie die Messer;
Gehen aufeinander los;
Beide Nonnen sind sehr schnell –
Liefern sich ein hart' Duell,
Denn mit Wörtern läuft es besser.

ZWEITER AKT
Die Verwirrung

Szene 1
Blaisine, Marie

Marie: Schnell, Schwester Blaisine, ich habe von Euren Plänen gehört und darum bin ich hier. Wir müssen uns beeilen. Ich habe gedacht, ich komme in der Dämmerung, denn man sieht mich hier im Kloster nicht gern. Wieviel hat Euer Vater den Clarissinnen an Mitgift für Euch bezahlt?

Blaisine: 200 Ecu, die will ich zurück.

Marie: Das ist recht viel!

Blaisine: Ich will aus dem Kloster austreten und den neuen Gedanken von Calvin und Farel folgen. Auch meine Familie unterstützt mich dabei, deshalb will ich meine Mitgift zurück, mein Vater ist nicht reich, aber modern. Er hat gesagt: Wen auch immer meine Töchter zum Manne wählen, ob er mir gefällt oder nicht, jede soll 200 Ecu Mitgift bekommen.

Marie: Ich helfe Euch!

Blaisine: So hat er mir das Geld für meinen himmlischen Bräutigam mitgegeben, als ich bei den Clarissinnen eintrat, aber ich habe die Nase voll vom Leben im Kloster. Die Nonnen wissen nicht, was wichtig ist und was sich tut in unserer Zeit!

Marie: Gut gedacht, Schwester! Ich sage Euch, beides geht nebeneinander, auch wir Frauen müssen nicht mehr wählen zwischen Kirche und Mann!

Blaisine: Meine Eltern besuchen mich und erzählen mir von den Unruhen in Genf, dass Protestanten die Fastenzeit nicht mehr einhalten und dass die Beichte abgeschafft werden soll! Ich will leben und die neue Zeit kennenlernen. Ich will diskutieren über das alles und nicht in Klausur eingesperrt sein! Ich will einen irdischen Bräutigam!

Marie: Es ist zwar gut, bei einem Mann zu liegen, Kinder zu bekommen. Aber es ist auch gut, mitzudenken in der Welt. Wir Frauen sind zu mehr fähig als man uns immer zugetraut hat – Ihr wisst es, mein Mädchen lernt sogar die hebräische Sprache, um die Bibel im Urtext zu verstehen. Mann und Frau gehören zusammen. Sicher gibt es Pfarrer mit grossen Herzen, die die Nöte ihrer Schäfchen verstehen, auch wenn sie keine Familie haben. Aber wie soll ein junger Mann das Zölibat versprechen können für sein ganzes Leben?

Szene 2

Nonnen und Jeanne dazu. Marie und Blaisine werden festgenommen.

Psalmodie der Nonnen – Chor antwortet mit dem Halleluja

Nonnenchor:

Gestern haben die Ketzer die Glocken abgehängt.
Gestern haben die Häretiker die Hostien mit den Füssen zertreten.
Gestern haben die Lutheraner das Weihwasser einer Geiss zum Trinken gegeben.
Gestern haben die Evangelischen den Priestertalar zerrissen.
Gestern haben die Protestanten junge Nonnen zum Austritt aus dem Kloster verführt.
Gestern haben die Blasphemisten die kostbaren Bilder abgehängt!
Gestern haben die Reformierten das Altarbild mit Farbe beworfen!
Oh weh, in welch bösartiger Zeit leben wir hier in Genf!

Jeanne de Jussie: Ha, da ist sie, auf frischer Tat ertappt! Da ist sie, die Rädelsführerin! Hat die Schwester an der Pforte richtig vermutet, als sie eine vermummte Gestalt, die wohl das Sonnenlicht scheuen muss, hereinschleichen sah, als sie sah, dass Schwester Blaisine auf sie wartete! Wagt Ihr mir ins Gesicht zu schauen, mir – der zukünftigen Aebtissin der Clarissinnen? Wer seid Ihr überhaupt? Schämt Ihr Euch nicht, hinter meinem Rücken meine Nonnen abzuwerben? Wie erklärt Ihr mir diesen Hausfriedensbruch?

Marie: Entschuldigt mich, Soeur Jeanne de Jussie, ich verstehe Euren Zorn! Ich bin Marie Dentière. Wir leben in umtriebigen und umbrüchigen Zeiten. Ich bin überzeugt, dass die katholische Kirche mit ihrem Reichtum, dem Sündenablass und den Pfründen ausgedient hat. Diese junge Schwester Blaisine Varembert will heiraten und deshalb ihre Mitgift zurück haben. Sie war erst achtzehn, als sie eintrat. Ihr Vater ist mit dem zukünftigen Bräutigam einverstanden. Ich bin gekommen, um ihr zu versichern, dass wir – Farel, Froment und Calvin – mit unserer Ueberzeugung hinter ihr stehen und ihr helfen werden. Zur Not auch mit Gewalt. Es gibt hier in Genf keine Leibeigenen mehr!

Jeanne de Jussie: Ha, ich habe so viel Übles über Euch gehört, Marie Dentière!

Marie: Ich bin froh, Euch gegenüber zu stehen. Ich bin beeindruckt, wie Ihr Buch führt und publiziert und wettert für Eure Sache. Ihr seid noch jung, ich hoffe, Ihr kommt zur Vernunft! – Grad in solchen Fällen, wie dem von Schwester Blaisine …

Jeanne de Jussie: Zur Vernunft? Eine Unverschämtheit! Verschwindet, abtrünnige Nonne, Giftzunge! Verschwindet aus meinem Kloster, sonst jage ich Euch die Hunde auf die Fersen, alte Ketzerin! Ich kann Euren Anblick nicht ertragen, Ihr verderbt meine jungen Nonnen!

Szene 3

Streitgespräch zwischen Marie und Jeanne mit originalen Zitaten und Textausschnitten aus Briefen von Marie an Marguerite von Navarra.

Marie: Nein, ich bleibe hier! Lasst uns diskutieren, jetzt, wo wir uns gegenüber stehen, das habe ich mir schon lange gewünscht.

Jeanne: Ihr seid eine bittere Frau voller Falten im Gesicht, eine falsche Äbtissin! Ihr sät Zwietracht, wohin Ihr kommt und werbt unsere jungen Frauen ab! Und Ihr seid mannstoll, Ihr seid nur aus eurem Kloster ausgetreten, um Robert Simon zu bezirzen!

Marie: Ihr wisst ja gut Bescheid!

Jeanne: Und jetzt schon den Zweiten. Diesen Froment …

Marie: Haben die Wände hier Ohren – in dem Ort, der Klausur heissen müsste? Oder schickt Ihr Horcherinnen in die Stadt, die im Kloster dann rätschen, lästern und klatschen? Seid Ihr eurer Sache so wenig sicher, dass Ihr mich schlecht machen und fürchten müsst? Ich will die Frauen ermutigen, sich mit Fragen des Glaubens auseinanderzusetzen und eine eigene Meinung zu bilden, um nicht in die Fänge der Irrlehrer zu geraten. Zwar sprecht Ihr immer von der Gottesmutter Maria und gebt ihr die Rolle einer schönen geschlechtslosen Puppe. Aber Ihr verwehrt den Frauen, in Kirchen zu predigen und in Versammlungen zu sprechen!

Jeanne: Ich kann schreiben und lesen, ohne diesen Luther nachzuäffen. Müssen die Erneuerer deshalb unsere Kirchen schänden? Unsere Altäre beschmutzen und unsere Tabernakel ausräumen?

Marie: Ich hasse es, dass meine Kollegen wie Berserker in Eure Kirchen einfallen! Ich hasse den Bildersturm und ich weiss, auch Calvin hasst diese Zerstörungswut! Leider gibt's in jeder guten Revolution auch den Schwarzen Block. Gerade, um eine friedlichere Diskussion zu ermöglichen, sollten wir uns schwesterlich zusammen tun. Ich verstehe nicht, warum Ihr mir wie einer Teufelin begegnet und hinter meinem Rücken Ränke schmiedet! Gott ist nicht im Kasten! Er verbirgt sich nicht im Tabernakel! Er greift ein in die Geschicke von uns Menschen in seiner Macht und Barmherzigkeit! Haben wir denn zwei Evangelien, eines für die Männer und das andere für die Frauen?

Jeanne: Frauen sollen nicht predigen und keine Sakramente vollziehen, sie sollen sich nicht in die Geschäfte der Männer einmischen, das war immer so!

Marie: Niemand muss Gott vermitteln, er und sein Sohn Jesus sprechen selbst zu uns und niemand soll uns Angst machen vor dem Satan.

Jeanne: Ihr äfft nur Luther nach! Müsst Ihr denn dafür keine Busse tun?

Marie: Für Luther war das Busswesen wichtig, das findet bei mir als Frau weniger Beachtung. Auch, was er über die Exorzierung von behinderten Kindern gesagt hat, gefällt mir nicht! Luther war aber der Erste und der Allerkühnste! Er will den Himmel leerräumen von all den Haupt- und Nebenheiligen, er will die Erde leerräumen von all den Händlern mit Pfründen und Ablassbriefen. Er will, dass wir uns alle an einen Tisch setzen und die Bibel miteinander lesen!

Hieronymus Bosch «Das Weltgericht», Projektion Totale (bleibt bis Szene 5).

Jeanne: Und so ein leerer Himmel soll uns ein schönes Jenseits versprechen? Ich zeige Euch das neue Bild von Hieronymus Bosch, das ein Mönch aus Flandern für uns kopiert und mitgebracht hat. Da seht Ihr, wie Himmel, Erde und Hölle bevölkert sind.

Marie: Ich kenne das Bild sehr wohl. Ich habe ja in Flandern gelebt. Seht mal genau hin, wer bei Bosch in der Hölle sitzt:

Die Bischöfe, die Kardinäle! Wir Protestanten nehmen den Menschen hier auf Erden die Angst vor Tod und Teufel und freuen uns am Diesseits! Sterben bedeutet Begegnung mit Gott. Der Himmel bedeutet Paradies.

Jeanne: Ihr Abfall von der heiligen Kirche, Marie, ist eine tödliche Wunde in unseren Herzen, denn wir erkennen wohl, dass Ihr Gift von diesem verfluchten Farel getrunken habt. – Es ist nicht die Aufgabe der Frauen, zu disputieren, denn das Studium ist nicht für die Frauen angeordnet. Ich will nichts mehr hören, ich werde bald Äbtissin und habe viele Aufgaben. Verschwindet und nehmt diese mannstolle Blaisine auch mit!

Jeanne de Jussie wütend ab.

Szene 4
Die Wohlstandsgesättigten 2

Zyniker:	Was die wieder für einen Aufruhr machen!
Besserwissende:	Dass Frauen sich so hassen können!
Zufriedener:	Hauptsache uns geht's gut.
Fatalist:	Diese Jeanne …. Schon fast ein Fotomodell. Wow!
Zyniker:	Schade, dass so eine im Kloster ist.
Besserwissende:	Eigentlich modern, wie die sprechen und sich Gedanken machen.
Fragende:	War das wirklich vor 500 Jahren?
Zufriedener:	Hauptsache uns geht's gut.
Ängstliche:	Diese Marie ist ja eigentlich ein Flüchtling, von Flandern nach Genf geflohen.
Fatalist:	Und sie wagte es, den Reformatoren die Meinung zu sagen. Sie will sogar predigen.

Zyniker: Aber das haben wir doch schon längst hinter uns.

Zufriedener: Hauptsache uns geht's gut.

Ängstliche: Frauen sind zum Helfen halt doch geeigneter als die Männer …

Szene 5

Jeanne de Jussie, der spanische Bote

Jeanne *(zum Boten)*: Ich habe Euch kommen lassen, weil ich ratlos bin, was in Genf läuft – die Botschaft kam aus Spanien, dass Ihr Euch schon dreissig Jahre lang wehrt gegen die Ungläubigen und die Andersgläubigen und dass Ihr nun drastische Mittel gegen die Ketzer anwendet – man nennt es die spanische Inquisition, stimmt das? Damit – so höre ich – besiegt Ihr die Ungläubigen.

Bote: Wir bekommen mit der Inquisition tatsächlich die Andersgläubigen in den Griff: Die Juden, die Mauren, die Türken, die Araber, die Atheisten, die Agnostiker, die, die ihr eigenes Geschlecht beschmutzen und die, die es mit Tieren treiben …

Jeanne: Ich weiss schon … Ich bin eine Nonne, Details vom Geschlechtlichen könnt Ihr Euch sparen und über die Juden müssen wir nicht reden! Diese haben wir schon 1490 aus Genf verjagt.

Der Bote: Wir haben das Feuer und die Zwickel erfunden, die Peitsche und den Käfig, das Untertauchen und die Wassermesse, den Holzhaufen und die Steinigung, das Sengen und das Brennen.

Jeanne: Lässt Gott das denn zu, darf man denn das? Mich schaudert's bei all dem!

Bote: Ihr habt hier das Bild vom Meister Hieronymus Bosch, das er 1516 gemalt hat, und das die Mönche gar artig kopiert haben für alle Klöster, da seht Ihr die Vorlagen:

Himmel, Hölle und Fegefeuer, da seht Ihr die Ausgeburten und Marterinstrumente. Er hat die Spanische Inquisition gehörig zum Vorbild genommen.

Jeanne: Wir sind aber hier in Genf! Gibt es denn auch die Möglichkeit, Menschen einfach verschwinden zu lassen, Menschen, die stören und viel Unheil anrichten?

Bote: Nichts leichter als das! Man kann sie einmauern, man kann ihnen Gewichte an die Füsse hängen und sie im schönen Lac Léman versenken, man kann sie entführen mit verbundenen Augen und im Gebirge aussetzen. Wir wenden auch den Penisstachel und die Uteruszange an …

Jeanne: Vielen Dank, ich habe genug gehört, Bote, ich danke für Euren Unterricht! Lasst Euch von meinen Nonnen ein Lager geben und labt Euch und euer Pferd an gutem Essen vor der Weiterreise. Ich danke Euch für Euren Bericht.

Bote ab.

Jeanne: Die Menschen von Genf haben den Narren gefressen an dieser Marie und ihrem neuen Geliebten Froment. Ich kann die Mittel der spanischen Inquisition nicht anwenden, die würden Aufruhr verursachen. Ich muss mir etwas Subtileres ausdenken, um dieses Weib verschwinden zu lassen, das die Genfer bezirzt und den Männern den Kopf verdreht …

Szene 6

Hieronymus Bosch «Das Weltgericht», Projektion Detailbilder zu Musik

Szene 7
Die Wohlstandsgesättigten 3

Zyniker:	Was die für wieder einen Aufruhr machen! Wegen eines alten Bilds!
Ängstliche:	Also, mich beängstigen solche Bilder.
Besserwissende:	Kenn ich vom Fernsehen! Jeden Abend! IS, Saudis, Boko Haram, Taliban …
Zufriedener:	Hauptsache uns geht's gut.
Fatalist:	Zum Glück geschieht das weit weg und nicht bei uns.
Zyniker:	Ja, wir schauen lieber weg.
Besserwissende:	Berührt es uns denn eigentlich noch?
Fragende:	Also, mich schon.
Zufriedener:	Uns kann niemand etwas vorwerfen.
Ängstliche:	Wir halten still und zahlen für Caritas ein.
Fatalist:	Ja, und für Brot für alle und für Terre des hommes
Zyniker:	Wir tun, was wir können, und das ist viel!
Zufriedener:	Hauptsache uns geht's gut.
Ängstliche:	Und wenn das alles mal bis zu uns kommt …
Zyniker:	Und was diese Bildprojektionen wieder kosten! Habt ihr schon mal ans Budget gedacht?
Besserwissende:	Gott wird schon einen Grund haben, dass wir reich geboren sind!

DRITTER AKT
Die Auflösung

Quasimodo-Sonntag, 1. Sonntag nach Ostern. Tumult in der Stadt Genf. Die Protestanten machen Genf zu ihrer Stadt.

Szene 1
Bänkelsänger, Roberte und die Nonnen

Bänkelgesang 5

Es war mal eine Marie,
Eine kühnere gabs nie;
Doch kamen bei Nacht,
Eh mans gedacht,
Zwei Reiter vom heilgen Ort –
Und führten sie mit fort.

Roberte (gellend): Maman ist verschwunden! Zwei Reiter sind gekommen und haben Maman gezwungen mitzukommen! Hilfe, Hilfe!

Die Nonnen:
A: Die Häretiker haben es in Zürich ausgerufen:
Ein Wurstessen am Karfreitag.
Tutti: Schande über Schande!
B: Provokation um Provokation! Damit kränken sie den Herrn in der Fastenzeit, damit kränken sie uns!
Tutti: Schande über Schande!
C: Und der Gipfel davon ist: Zwingli hat sich dort sehen lassen. Zwingli hat in eine Wurst gebissen! Zwingli war dabei!
Tutti: Schande über Schande!

D: Sie kommen! Die Ketzer! Die Häretiker, die Protestanten!
E: Diese Abtrünnigen, diese Hunde!
F: Alles wird zugrunde gerichtet, was wir aufgebaut haben!
Tutti: Schande über Schande!
G: Welch schrecklicher Sonntag!
Tutti: Quasimodo-Sonntag!
H: Es wird nicht gut sein, weiterhin zu bleiben!

Szene 2
Die Nonnen, die Genfer, Tumult in Genf – Musik – Chor

Die Genfer stürmen den Chorraum. Der Vorhang wird zerrissen, der Hochaltar wird gestürzt. Hostien fliegen durch die Luft. Kartonsäulen umgeschmissen. Im Vordetgrund werden in aller Ruhe Würste verteilt und verzehrt.

Die Nonnen versuchen, die wütenden Genfer aufzuhalten, fallen um, werden geschlagen.

Szene 3
Die Wohlstandsgesättigten 4

Zyniker: Was die wieder für einen Aufruhr machen! Hört einfach nicht hin!
Fatalist: Jetzt werden sie aber echt grob!
Ängstliche: Die zerstören ja die halbe Kirche! Wenn das nur gut kommt …
Besserwissende: Die einen klagen über die Armut, die anderen über Würste!
Zufriedener: Hauptsache uns geht's gut.
Zyniker: Mir ist sowieso alles Wurst.

Fatalist: Man kann es niemandem recht machen. Hört einfach nicht hin!
Zyniker: Es kommt, wie es kommen muss, auch ohne unser Dazutun.
Zufriedener: Hauptsache, uns geht's gut.
Zyniker: Und was das wieder kostet! Jetzt, wo überall Sparen angesagt ist!
Besserwissende: Gott wird schon einen Grund haben, dass wir reich geboren sind!
Fragende: Ihr meint tatsächlich, uns gehe das alles nichts an?

Szene 4
Froment, Farel und Roberte

Froment *(kommt zu Farel und schreit):* Marie ist verschwunden! Helft mir! Sie kam nicht zu unserem Treffen und ihre Töchter wissen nicht, wo sie sein kann! Sie machte sich alleine auf den Heimweg. Seither ist sie verschwunden. Bitte helft mir!
Farel: Was schlägt Ihr vor?
Froment: Ihr habt einen Diener und ein Pferd. Könnte der in alle Siechenstationen und Krankenhäuser und Spittel reiten und nach ihr suchen? Vielleicht ist sie verunglückt und eingeliefert worden? Ich flehe Sie an – mein Freund!
Farel: Was sagt Ihr zum Wurstessen in Zürich? Ist das nicht eine zu grosse Provokation der Unsrigen in der Fastenzeit?
Froment: Ich kann jetzt gar nicht denken und noch weniger essen vor lauter Sorge, bitte helft mir!
Farel: Gut Froment, ich schicke meinen Diener! Ist es Euch wirklich ernst mit dieser Frau?
Froment: Ja, Marie und ich werden noch dieses Jahr heiraten. Wir haben darüber gesprochen. Hab ich nicht die wunderbarste Frau erwählt? Ihr wisst, wie schlimm das

Leben einer Witwe ist, so ohne Rechte und Geld, denn sie kann nicht in ihr Vaterhaus nach Flandern zurück, sie ist von dort geflohen gegen den Willen ihres Vaters und mit einem Mann ...

Farel: Verrückt ist dieses Weibsbild und dabei so klug – wie es nicht viele Männer auf dieser Welt sind.

Froment: Wisst Ihr, dass ihre ältere Tochter nun die Bibel auf Hebräisch lesen kann, als ob es ihre Muttersprache wäre?

Farel: Ist das die kleine Roberte? Die habe ich mal kennen gelernt, ein süsser Fratz!

Froment: Auch sie weiss nicht, wo ihre Mutter ist. Und man hört zur Zeit viel von Entführungen und Ermordungen. Du weisst, sie ist bei der Hälfte der Genfer verhasst!

Roberte tritt auf.

Farel: Roberte, schönes Mädchen! Wir kennen uns doch!

Roberte: Ich heisse jetzt Amelie und höre deshalb nicht zu!

Farel: Du bist etwas Besonderes, Roberte, genau wie deine Mutter ... Aber deine Mutter ... Wir suchen sie! Kannst du uns helfen?

Roberte: Ich werde fast verrückt vor Angst! Ich habe gesehen, dass sie von zwei Reitern abgeholt wurde.

Farel: Und ist sie tatsächlich mitgegangen? Wie sahen diese Reiter aus, wie war ihr Umhang? Ihre Kappen?

Roberte: Sie trugen ein Kreuz auf dem Rücken.

Farel: Das müssen die Reiter des Klosters sein, die Boten der Clarissinnen haben ein Wams mit einem Kreuz auf dem Rücken!

Froment: Marie hatte einen wüsten Streit mit Jeanne de Jussie, das hat sie mir erzählt ... Ich kenne diese Frau, sie hat mit uns gestritten, als wir in ihrer Kirche predigten, als Leute von uns das Kruzifix mitnehmen wollten! Sie ist Marie auf jede Weise gewachsen, klug, jung und schön ist sie! Kommt!

Roberte: Das ist die Strafe. Warum streitet ihr in der Kirche? Gott gefällt das nicht! Warum zerstört ihr die Bilder der Katholiken? Symbole sind das, hat mir Maman erklärt. Und jetzt ist Maman in Gefahr!

Farel: Wir brauchen keine Bilder, keine Heiligen, keinen Weihrauch und keine Hostien! Wir sprechen direkt mit Gott und anerkennen nur die Bibel!

Roberte *(laut)*: Ich bin eine kleine Frau, aber jetzt will ich eine grosse Rede halten: Warum reisst Ihr die Altardecken herunter, zündet Bilder an und verschüttet das Weihwasser? Ich habe nur Böses vom Quasimodo-Sonntag gehört. Eure guten Ideen werden mit Hass und Spott bedeckt! Alles ändert sich, auch ich werde bald erwachsen sein! Es ist gut, dass nicht mehr Gold und Geld in der Kirche regieren! Aber bitte, hört auf, alles zu zerstören! Ich rieche den Weihrauch gern. Mit Maman durfte ich in die Kirche gehen, in die ich selbst wollte. Und ich verrate es Euch: Ich habe meine Lieblings-Heilige! Das ist die Magdalena, die Jesus die Füsse wäscht! So ein zartes schönes Bild! Ich kann mir nicht vorstellen, dass Ihr das Magdalenabild herunter reisst und verbrennt! Etwas Neues muss kommen! Aber doch nicht so! Und helft mir jetzt, Maman ist in Gefahr.

Szene 5
Jeanne, Nonnen

Es ist Abend, im Kloster, bei den Clarissinnen.

Jeanne: Macht Euch bereit, nehmt warme Kleider mit, aber keine zu schwere Lasten für die Flucht! Wir fliehen nach Annecy. Wir sind nicht mehr sicher hier. Ein Schlepper wird uns über die grüne Grenze nach Frankreich führen! Er allein kennt den Pfad. Ich werde ihm 50 Ecu bezahlen, damit er uns auf dem schnellsten Weg durch die Dunkelheit nach Annecy führt. Wir werden erwartet.

Eine Nonne: Was machen wir mit unserer Gefangenen?

Jeanne: Gut, dass du das ansprichst! Ich habe es mir überlegt. Hier ist Genf und nicht Madrid! Die Inquisition ist etwas Grausames. Ich werde unsere Gefangene wieder freilassen. Heute Nacht, bevor wir gehen, öffnen wir den kleinen Kerker und nehmen ihr Fesseln und Augenbinde ab. Ich will mein Gewissen nicht damit belasten! Die Giftzunge hat ein besseres Ende verdient. Was hat sie gesagt: *Ecclesia semper reformanda est,* die Kirche soll sich immer erneuern! Ich will darüber nachdenken …

Die Nonnen fliehen mit Fackeln in ihren schwarzen Umhängen durch die dunkle Kirche …

AARAU UND DIE REFORMATION – WIE DAS THEATERSTÜCK «QUASIMODO» ENTSTAND

Aarau, der Ort, wo ich seit vielen Jahren wohne, ist idyllisch und ruhig, ein Städtchen mit Ringmauerresten der Kyburger und der Habsburger und einer grünen Allmend.

Als ich mich vor vielen Jahren entschied, hierher zu ziehen, erfuhr ich in einem Zeitungsartikel, dass in unserer mittelalterlichen Gasse – schräg vor meinem Haus – der frühere Richtplatz gelegen war. Gegenüber, beim Stadttor, fand man im Keller eine Eisentür, im Nebenhaus mit den ochsenblutroten Fensterrahmen wohnte der Henker, der die Kindsmörderinnen mit dem Scharfbeil köpfte. Die Nacht vor dem Tod mussten sie im Haus Nummer 44 mit der schweren Eisentür verbringen. Der Galgen stand auf dem Galgenhügel im Rombach, der von meinem Schreibtisch aus – zum Beispiel jetzt beim Schreiben – sichtbar ist als kleiner Baumgipfelkamm über den gerippten Hausdächern des Altstadtrings.

Es ist verbrieft, dass die letzte Hexe, die hier umgebracht wurde, Margaretha Schäfer hiess. Auch beim Eintauchen in die eisige Aare und beim Verdrehen der Gelenke gestand sie ihr Bündnis mit dem Satan nicht. Das sei im Jahr 1586 gewesen, also etwa ein halbes Jahrhundert nach Luthers und Zwinglis dringlichen Aufrufen zu einer Erneuerung der christlichen Kirche und ebenso lang nachdem die Stadt 1528 reformiert wurde.

Margaretha Schäfer hatte zwar eingeräumt, dass sie nicht bete, aber bestritten, dass sie mit dem Teufel geschlafen, von ihm Hexensalbe angenommen und diese zum Schaden von anderen Menschen verkauft habe. Sie war die Letzte, die hier getötet wurde.

Das alles hat mich wenig beunruhigt, damals, als ich einzog, mir eher mit einem gruseligen Gefühl den Fortschritt unserer Zeit offenbart. Und ganz präzise Unterlagen, ob das historisch verbrieft oder nur eine Sage sei, die der Journalist Gustav Aeschbach in den Achtzigerjahren im Aargauer Tagblatt kolportiert hatte, fand ich nirgends.

Gibt es diesen Fortschritt heute noch? Werden wir in den Medien nicht mit ebenso teuflischen Bildern konfrontiert? Krieg in Syrien seit Jahren. Videos von Enthauptungen im Internet. Aufrufe auf Facebook, zerstörerischen Organisationen beizutreten.

Die Erzählungen über die Hugenottennacht haben mich als Schülerin fasziniert. Ich erinnere mich gut, dass ich damals mit meiner tief katholischen Grossmutter gestritten habe. Die Protestanten waren keine Märtyrer, entgegnete sie mir, sie zerstörten unsere Bilder und rissen die Altardecken nieder. Immer schon wollte ich mehr wissen.

Im Oktober 2015 bekam ich den Auftrag, mich mit der Reformation genauer zu beschäftigen. Das hatte ich mir immer schon gewünscht. Die Pfarrerin Dagmar Bujack und der Regisseur Heinz Schmid haben mich auf die Tagebücher und Briefe der zwei Nonnen aus der Genfer Reformation hingewiesen. Es sind fantastische Quellen.

Geistreich, wortgewandt, schonungslos und oft auch recht unflätig schreiben die Protestantin Marie Dentière, eine ehemalige Augustinerin aus Flandern und Jeanne de Jussie, zukünftige Priorin der Clarissinnen in Genf, gegeneinander an. Ich wollte mehr wissen, und so reisten Dagmar Bujack und ich nach Genf ins Musée de Réforme, wo wir deren erste Direktorin Isabelle Graesslé interviewen durften.

Das goldene Kreuz vor dem klassizistischen Gebäude gab mir Rätsel auf, denn es zeigt nicht das fein ziselierte Hugenottenkreuz mit dem hängenden Täubchen, sondern ein flammendes quadratisches Kreuz mit einer auf dem Kopf stehenden Taube darauf. Es gebe kein eigentliches Reformationskreuz, sagten mir die Expertinnen.

Die Tagebücher und Briefe im Museum in Genf erwiesen sich als Rohdiamanten. So erfuhr ich von der Reformatorin Marie Dentière (im protestantischen Genf des 16. Jahrhunderts unter Jean Calvin) und ihrer Gegenspielerin, der Nonne Jeanne de Jussie im Clarissenkloster.

Beide sind sie gebildete und äusserst angriffslustige, scharfsinnige Schreiberinnen. Marie Dentière wurde entweder 1490 oder 1495 in Flandern geboren, wurde jüngste Priorin bei den Augustinerinnen und flüchtete mit dem Priester Robert Simon über Strasbourg nach Aigle und Genf. Sie war zweimal verheiratet mit ehemaligen Priestern und gebar drei Töchter, von denen eine ein Hebräisch-Lehrbuch verfasste. Marie Dentière starb vermutlich im Jahr 1560.

Ich bekam von der Reformierten Kirchgemeinde Aarau die Chance, ein Theaterstück mit dem Titel «Quasimodo – Tumult in Genf» zu verfassen, das mit Schauspielern und Schauspielerinnen und Chören in der schönen alten Kirche in Aarau Anfang 2018 aufgeführt wurde. Für mein Stück habe ich – aus dramatischen Gründen – eine Begegnung der beiden Frauen erfunden, um dann – und das hat mich beglückt – von Isabelle Graesslé zu erfahren, dass diese Begegnung tatsächlich stattgefunden hat.

LITERATUR

Zeitungsartikel von Gustav Aeschbach, mit Pseudonym Eusebius (1920–1992). Er arbeitete als Journalist beim Aargauer Tagblatt. In den 80er-Jahren schrieb er Lokalhistorisches zum Richtplatz, zur letzten Hexe, zum Haldentier usw. (alles vergriffen).

Urs Faes

Von der Wartburg ins Tal der Suhre

Seltsam, dachte er später, eigenartig, sonderbar oder einfach ausgefallen, dass er an diesem Februartag 2017 die Stufen zur Wartburg hinanstieg, seinem Geburtstag; festgefroren die Erde, Ränder von Schnee auf den Stufen, karg und kalt das thüringische Land, schütter die Bäume. Aber die Burg war da, in dünnem Licht das alte Gemäuer, offen das Tor, Krusten von Eis im Hof. In die Arbeitskammer von Martinus fiel ein Sonnenstreif, glitt über Tisch und Fussschemel, auf den Fleck von jenem Tintenfass, das er nach dem Teufel geworfen haben soll; Manuskriptblätter waren ausgebreitet, Handschriftenproben, das Alte Testament aufgeschlagen: «Am Anfang schuf Gott Himmel und Erde. Und die Erde war wüst und leer ...»

Diese Sätze hatte Pfarrer Landauer damals dem Konfirmanden unter der Kanzel vorgelesen. Eine Lutherbibel, sagte der Pfarrer, die hätten sie in Schöftland immer verwendet, gedruckt 1563 in Frankfurt am Main, die habe all die Jahrhunderte auf dem Kanzelbrett gelegen; er gestand, dass ihm das kursächsische Deutsch des Wittenbergers näher war, als das zürcherische von Zwingli oder das eingewelschte Deutsch der Berner Piscatorbibel, die im Berner Aargau auch verbreitet war. Und später war noch eine Lutherbibel in die Gemeinde gekommen, aus dem Jahr 1676, gedruckt zu Basel. Darin hatte der Siegrist 1682 seine Hochzeit eingetragen und den Preis für ein Viertel Körner: 19 Batzen.

Schon der erste Pfarrer hier am Ort, und Landauer verwies jetzt auf das Urkundenblatt mit Siegel, sei Lutheraner gewesen: «*Üwer gnaden williger diener Johannes Gingi predikant zue Schöfftlon*». So hatte der sich verewigt. Dieser Prädikant hatte 1528 in Bern die Reformationsthesen unterschrieben und gelobt, die Schöftler im Glauben zu halten, säumige Kirchgänger vor das Chorgericht zu laden und Gastwirte zu ermahnen, wenn sie am Sonntag Geiger und Tänzer duldeten.

Wir sind Reformierte, bekräftigte Pfarrer Landauer, sind es heute wie damals, das Gewissen ist immer dabei. Er stand trotz der Lutherbibel dem Genfer Reformator Jean Calvin näher als dem Wittenberger. Der Holzstuhl, den Landauer all jenen, die ihn im Pfarrhaus besuchten, zuwies, war so unbequem kantig, dass der Angekommene sich unwillkürlich als Büsser fühlte, der eine Schuld «absass», bloss weil er da war und lebte.

Wir können doch nichts dafür, dass wir da sind, pflegte der Vater zu sagen, und fand leicht in die Rolle desjenigen, der Abbitte zu leisten hatte, ein Büsser lebenslang, oft leicht zerknirscht.

Schliesslich waren im Dorf auch Hugenotten ansässig geworden, hatten ihre Strenge mitgebracht und dem Quartier jenen Namen gegeben, der ihre Herkunft verriet: Pikardie, auch wenn die Einheimischen das gleich in den Dialekt eindickten: *Bekädei*. Da wohnten sie auch, der Vater verwies darauf, dass auch ihr Familienname hugenottisch war. Der Vater hatte das von einem genealogieverrückten Amerikaner erfahren, der eines Tages an der Haustür geklingelt, ihn als Namensvetter gemeinsamer hugenottischer Vorfahren aus dem 16. Jahrhundert begrüsst und stürmisch umarmt hatte.

Dieser Namensvetter, der durch den Verkauf von Hühneraugenmessern reich geworden und zugleich Erbauer einer Seilbahn in die Rocky Mountains war, behauptete, dass die Familie einer Sippe von Hugenotten entstammte, die durch Aufhebung des Edikts von Nantes zur Auswanderung gezwungen und in alle Richtungen vertrieben worden war, von Dayton Beach Florida bis Langenförde und in die Pikardie von Schöfftlon im Berner Aargau, wo der Prädikant Gingi und seine Nachfolger eine reformierte Gemeinde unter Bernischer Herrschaft eingerichtet hatten, die durch Strenge und Pflichtbewusstsein auffiel. Da passten auch die Hugenotten hin.

Dem Pfarrer Landauer gefiel diese Strenge; die Herrenfastnacht im Gasthof Löwen war nicht seine Sache, die Chilbi-Feier im Schlosshof mit Tanzbühne und Geisterbahn ebensowenig, weil da ein leichtsinniges Frauenzimmer unverhofft in die Hoffnung kam und eine übereilte Trauung anstand oder gar ein Kindsbett.

Was der Pfarrer Landauer vorgab, unterstrich zu Hause im *Bekädei* der Vater: Man tut, was sich gehört. Und es gab immer etwas, was sich nicht gehört.

Mit dem Vater spazierten sie der Suhre entlang talaufwärts, wo die Ufer unterspült, erlenbestanden und sumpfig waren, Bussarde kreisten und ab und an ein Storchenpaar nistete, wo die Felder sich in die Hügel verloren und die Gehöfte nur noch die Weite grüssten, dem Grün zunickten und im Nebel versanken.

Das, was wie ein Grab aussah, entdeckte er erst später, auf der Moräne, die gegen Leerau zu das Tal riegelte und mit drei Tannen ans Himmelblau rührte. Es war Onkel Willi, der die geschichteten Steine als altes Grab bezeichnete, als Heidengrab und später als Täufergrab, wo vielleicht gar der Täufer Heini von Schöfftlon begraben war. Der Onkel Willi gab zu wissen vor, dass die Täufer sich zur Zeit des Prädikanten Gingi und seiner Nachfolger Widmer und Wirz überall in Heuschobern und Speichern versteckt, in grosser Zahl das Rueder- und das Suhrental heimgesucht und heimlich Versammlungen abgehalten hätten. Und er unterliess nicht den Hinweis, dass sie im Verdacht standen, die Seuche in den Stall und die Wilden Blattern in die Kinderzimmer gebracht zu haben, und was es sonst noch gab an Übeln im Haus, am Herd, im Hof. Und sie wurden auch wieder vertrieben. 1689 meldete der Ammann dem Landvogt in Lenzburg, dass zweihundert Täufer die Gemeinde verlassen hätten. Ein trauriges Kapitel, erklärte Pfarrer Landauer im Konfirmationsunterrricht, denn sie waren Flüchtlinge, die Obdach und Brot suchten, die aus Glaubensgründen vertrieben waren wie später die Hugenotten, die auch hatten fliehen müssen. Für die Fremden wurde aber auch gesammelt, Gulden und Batzen. Da ging Pfarrer Landauer voran, stellte sich hin, wenn einer gegen die Fremden lästerte, von Überfremdung sprach und zuviel Einwanderung, die das Eigene, Einheimische, Bodenständige gefährde, das Vaterland.

Dummes Zeug, brummte Landauer, wir kommen alle von irgendwo her und sind fremd in der Welt.

Dem Vater war der Gedanke, auch ein aus der Ferne stammender Vertriebener zu sein, ein Trost. Er gab ihm den Grund, warum er sich fremd fühlte, im Tal und im Leben und immer von Neuem Anlass, von einer Heimkehr zu träumen.

So war auch der sonntägliche Kirchgang ihm ein Heimweg, der eine Predigt lang Ankunft gewährte, in Lied, Gesang und Lutherwort, das auch für verlorene Schafe Platz hatte und Nachsicht mit denen, die es nie ganz schafften.

Kein Getaufter geht verloren, betonte Pfarrer Landauer, auch ein Verlorener ist getauft. Und er legte Wert auf die Feststellung, dass niemand sich den gnädigen Gott verdienen müsse, weil dieser immer schon gnädig und barmherzig sei. Mit solchen Sätzen wollte Landauer die vielen Zerknirschten und Verkniffenen im Tal trösten. Und es gab viele, die des Trosts bedurften im Tal der Suhre, das den Blick freigab in die Berge, die bei Föhn nah heranrückten, zu denen sich aufschauen und Hilfe erwarten liess.

Auch er war getauft worden, am Taufstein, der mit seinem gebauchten Säulenschaft aus schwarzem Marmor und einer elfzackigen Adelskrone auf der Vorderseite als Prunkstück mehr bewundert als gebraucht wurde. Jeder Getaufte bekam zu hören, dass die Mutter des im Schöfftler Schloss residierenden Junkers und Vogts, Bartholomä von May, den Taufstein gestiftet habe, damit jeder im Ort eine reformierte Taufe bekäme und der Glaube gefestigt würde.

Auch er war als Ältester im Lenzmonat 1947 getauft worden. So verriet es die Schrift, die eingetragen war in die Familienbibel, auch eine Lutherbibel, ein grüner Leinenband mit gebrochenem Rücken und Stockflecken, vorn das Familienblatt: der Name der Eltern, der Tag der Trauung, dann er, das erste Kind, der Bub. Und zwischen den Bibelseiten waren seine Kinderlocken eingelegt, hell und glänzend, Haare, die er gelassen hatte. Auch die des Bruders waren da, die der Schwestern: fünf Kinder.

In der Dorfkirche waren sie alle getauft worden.

Den Taufstein, ein Kelch aus weissem Alabaster, der auf einem gebauchten Säulenschaft aus schwarzem Marmor steht, beschrieb er später einmal. Als Seminarist im Kloster Stella Maris im Limmatbogen hatte er beim Deutschlehrer Mangold über die Kirche und den Glauben seines Heimatdorfs schreiben müssen. Er begann mit dem Taufstein und der Frau des Zwingherren, die ihn gestiftet hatte, Herrin zu Schöftland und Mitherrin zu Rued und Leerau.

Eine fromme Frau sei diese Margarete gewesen, sagte Pfarrer Landauer und zeigte den Konfirmanden die Grabsteinplatte mit Blumengirlanden und Totenkopf, las die Schrift vor: «Mein Leib ruht hier, zwar in finstrer, tiefer Gruft. Die edle Seele doch durchdringt die hohe Luft und tut jetzt schon in dem, den sie geliebt im Leben, das ist bei Jesu Thron, in sichern Freuden schweben. Drum tragt Leid, vielmehr euch selbst, zur Stund des Todes bereit».

Davon hatte er in seiner Arbeit berichtet und, nicht ohne Stolz, die Anfänge der Kirche erwähnt, im 7. Jahrhundert, die alten Gräber und Tuffsteinmauern, die man gefunden hatte, den Schädel einer sechzigjährigen Frau und die Beschläge einer Schuhgarnitur aus Bronze.

Er beschrieb die heutige Kirche aus dem 12. Jahrhundert, erwähnte ausführlich die Kanzel aus alpinem Kalkstein vom Gotthard, mit eingemeisselten Löwen, von der herunter Pfarrer Landauer predigte, er legte dem Deutschlehrer Mangold, der im Kloster Engelberg mönchische Strenge kennengelernt hatte, dar, wie der Pfarrer einen, der einzuschlafen drohte, mit Händeklatschen aufweckte und das Fleisch, das träge sei, geisselte. Der Landauer mache es wie einst Prädikant Gingi, der einen Bauern, der während des Gottesdiensts «mostete», also mit lauten Schlucken trank, weil ihn nach dem Frischgepressten «lüstete», vors Chorgericht lud.

Er erwähnte ausführlich die alte Lutherbibel aus dem 16. Jahrhundert, aus der Pfarrer Landauer ihm vorgelesen und behauptet habe, da sei der Geist der Wartburg noch zwischen den Zeilen zu riechen, ein Duft nach Wort und Wahrheit, nach Zeit und Dunkelheit und etwas, das sein müsste. Vom Pfarrer Landauer lernte er die ersten Sätze Latein, solam scripturam regnare, die Schrift allein soll bestimmend sein; sola fide, nur durch den Glauben, und die Klage vom in sich gekehrten Menschen, homo incarvatus in se, wie der Vater einer war, und mancher im Tal eben auch.

An diesem Februartag 2017, Jahrzehnte nach Landauers Tod, fiel das Licht streifig hell in die Lutherstube auf der Wartburg, den grünen Kachelofen, die Holzwände, auf den Tisch, an dem er gearbeitet, Wörter gesammelt und nach Wörtern gesucht, sie aus Dialekten zusammengeklaubt und sie zu Sprachbildern gefügt hatte, die später dann verkündet wurden von den Kanzeln herab, auch von der Schöfftler Dorfkirche herab, die weiterbebten, ein Leben lang, generationenlang, die auch heute noch bezaubern, eine Sprache, die klang und raunte, stöhnte und stotterte, rieselte und raschelte: Lutherton, manchmal derb, dann sanft, öfter auch dunkel, geheimnisvoll, als hätte der Übersetzer etwas zwischen den Zeilen versteckt.

In ausgelegten Druckblättern waren die handschriftlichen Korrekturen zu entdecken, ein Verb, das ihm stimmiger, sinnlicher erschien als das zuvor gewählte, der Wortakrobat, der Sprachschöpfer: Martinus Luther.

Im Burghof sang eine Reisegruppe zum Auftakt des Reformationsjubiläums «Eine feste Burg sei unser Gott ...», als wäre heuer wieder ein Sängerwettstreit, wie er sich hier einst zwischen Wolfram, Walter und dem von Kürenberg zugetragen hatte.

Von Eisenach herauf stieg der Bodennebel, dicht und körperlich, hügelan auf die Burg zu, wie er damals von Leerau die Suhre hinuntergezogen war, sich in den Erlenbüschen und Weiden verfangen, das Mühlenrad umwickelt, den Käsbissenturm der Schöfftler Dorfkirche vermummt hatte, Kindertage, nicht vergangen: wie sie der Stimme des Pfarrers gelauscht, mit der Mutter über die Gräber gegangen waren, wo sie Blumen pflanzte, Immergrün, Büschel von Wundklee; wie sie da stand, innehielt, von den Toten erzählte, denen sie gedachte, der eigenen Mutter. Sie besass keine Grabplatte, aber jedes Jahr Zweige von einem Tollkirschenbaum, der auch in jenem Sommer geblüht hatte, als sie durch einen irregeleiteten Knecht gewaltsam zu Tode gekommen war; die Mutter damals ein Mädchen von neunzehn Jahren, das ratlos blieb.

Und manchmal hatten sie in der Kirche kurz innegehalten, wo die Stille sich in den Rundbögen staute, die Wappenscheiben ein buntes Farbenflackern auf den Steinboden warfen. Die Mutter liebte das Fenster im Chor, mit der Maria

Magdalene und ihrer Begegnung mit dem Auferstandenen am Ostermorgen: «Weib, was weinest du? Wen suchest du?»

So hatte der Reformator in seiner Wartburgstube übersetzt. Da müsste der Lichtstreif in die Kammer gefallen sein, auf seinen Tisch, den Kachelofen, den Fussschemel, und so fiel er manchmal aus dem Schefftler Abendhimmel in die Wappenscheibe, bleiches Blau, ein Gran von Grün, ein weisses Blühen, fadenscheinig, fadendünn, aber hell, eine Fadensonne.

Bettina Spoerri

«… das yeder gloub, was er wöll.»

Das leere Blatt vor ihm auf seinem Schreibtisch schweigt ihn an. Beat nennt es das ‹weisse Rauschen›, das es ihm auch jetzt wieder schwer macht, einen klaren Gedanken zu fassen und einen Anfang zu finden. Doch er ist überzeugt: Diese Figur des Gottfried Zubler, der sich 1529 in Lenzburg so übereifrig als Bilderstürmer betätigt hatte, dass er in Chroniken sogar namentlich erwähnt wurde, ist eine derart frappierende historische Erscheinung, dass er ihn in dem Text unbedingt auftreten lassen muss. Der religiöse Übereifer, die gezielte Zerstörung der Zeugnisse einer anderen Kultur weisen deutliche Parallelen zu aktuellen politischen Ereignissen auf. Und wer denkt zum Beispiel nicht auch an 1933, wenn Kulturgegenstände öffentlich verbrannt werden? Zwischen Begeisterung für eine neue Sache, eine Reform, eine Bewegung, die verkrustete Strukturen aufsprengt einerseits und blinder Gefolgschaft, Intoleranz, Verfolgung Andersgläubiger und Andersdenkender andererseits ist oft nur ein schmaler Grat. Aber Beat findet keinen ersten Satz, und er weiss nicht, wie er all dies anhand der Geschichte von diesem Zubler erzählen soll. Er will wieder einmal zu viel, das ist oft das Problem. Also: sich bescheiden. Auf ein Bild, einen Moment.

Daraus kann alles andere dann herauswachsen. Vielleicht hilft es, wenn er einfach zuerst einmal die Szene beschreibt, die er gleich vor sich gesehen hat, als er von diesem Gottfried alias ‹Götz› las. Also, in medias res, ohne erzählenden Vorlauf, keine langen Erklärungen, wir sind da: Ein Platz in Dämmerung oder bewölktem Frühabend, eine zugleich erschrockene und neugierige Menschenmenge drängt sich rund um das helle, hochzüngelnde Feuer, nicht weit entfernt steht die Kirche, durch deren weit offen stehende Pforten kräftige Männer grosse Gegenstände ins Freie tragen, zur Mitte des Platzes hin. Ja, so könnte es gehen; Beat nickt sich selbst aufmunternd zu und setzt die ersten Worte auf das Papier:

Der Scherer stand nun dicht vor ihm. Von den Flammen des züngelnden Feuers erleuchtet, glich das Gesicht des Manns einer Fratze, die harten Züge unnachgiebig tief ins Holz gekerbt. Der heftige Ingrimm, mit dem er ein Bild nach dem anderen packte, ein Altarteil nach dem anderen ins Feuer schleuderte, seine abgehackten Bewegungen und seine aufgerissenen Augen, die aus einem von Schweiss glänzenden Gesicht stachen, liessen Markus erstarren. Er spürte, dieser Mann war in seiner Raserei nicht mehr aufzuhalten. Er war ihm immer schon unheimlich gewesen, wie er Menschen zur Ader liess oder Wunden ausbrannte. Aber jetzt: Der würde wohl mit demselben Eifer nicht nur Gegenstände, sogar Lebewesen, Menschen dem Feuer überantworten, mit dieser ungeduldigen Wut und dieser Überzeugung, dass das schon längst hätte getan werden sollen. Mit dieser tiefen Verachtung für das Zaudern und Zögern der Berner, die sich ein ums andere Mal mit diesen und jenen Vertretern berieten und dem Landvogt schrieben und umsichtig baten, statt ihre Macht durchzusetzen und endlich klare Verhältnisse zu schaffen.

So könnte diese Geschichte erzählt werden. Geschildert aus der Perspektive des jungen Markus, der gemeinsam mit vielen Bürgerinnen und Bürgern von Lenzburg Zeuge wird, wie der Scherer Gottfried Zubler mutwillig selbst mit Hand anlegt, nachdem der Landvogt von Lenzburg von Bern den Befehl erhalten hatte, Bilder und Altäre des ‹alten› Glaubens zu zerstören. Beat holt erleichtert tief Luft und schreibt weiter.

‹Endlich sind wir sie los!›, schien der Körper des Scherers aufzuschreien,

Ist das vielleicht etwas zu dramatisch formuliert? Ich lasse das aber mal so stehen, denkt Beat, ich kann mir noch überlegen, ob ein anderes Verb präziser ist …

als ein hoher Stapel von Bildern in der wachsenden Glut schwelte. Ein Holzstück explodierte in der Hitze und liess einen Sprühregen von Funken in hohem Bogen über die Menschenansammlung herabfallen. Die zuvorderst Stehenden wichen erschrocken zurück. War das ein Zeichen, sie zu warnen, eine Drohung des Himmels? Doch Markus hatte zu oft entdeckt, wie der Priester einem Wunder gerne ein bisschen nachhalf. Und sicher wissen auch die Reformatoren,

Halt: Nannte man sie damals schon so? Das muss ich noch recherchieren, denkt Beat, macht sich eine entsprechende kurze Notiz.

und bestimmt auch dieser Zwingli, der letztes Jahr persönlich für eine Disputation aus Zürich nach Lenzburg gekommen ist, wie einem Wunder ein wenig nachgeholfen werden kann. Denn wer hier aus der Stadt vermag wirklich genau in jeder Einzelheit der Argumente nachzuvollziehen, warum es seit kurzem plötzlich so wichtig ist, keine lateinische Messe mehr zu halten oder die Bilder, die doch den vielen, die nicht oder kaum lesen und schreiben können, die Geschichten und Lehren der Bibel überzeugend vor Augen geführt haben, allesamt zu zerstören? Vor wenigen Jahren noch war es lebensgefährlich gewesen, sich zu dem ‹neuen› Glauben zu bekennen; Menschen waren eingekerkert, zum Tode verurteilt, verbrannt worden. Jetzt galt das Umgekehrte. Doch ob nun der Zölibat nicht mehr galt oder doch,

Sprach man damals wirklich von «Zölibat»? Beat gibt den Begriff in die Internet-Suchmaschine seines Computers ein und stösst schliesslich auf eine Tischrede von Luther, darin der Satz: «Die den Zölibat befürworten, denen sollte auch das Scheissen verboten werden.» Ok, das ist anschaulich formuliert, das muss man ihm lassen. Auf jeden Fall ist es also nicht ganz unmöglich, dass dieser Markus, den sich Beat jetzt als Sohn eines Schreibers vorstellt, das Wort «Zölibat» denkt.

ob das Ave Maria geläutet werden sollte oder nicht und in vielen anderen Fragen herrschte grosse Verwirrung und Verunsicherung. Und hier in der Gegend gab es viele, die gegen die Veränderungen waren. Ein paar hatten sich sogar aufgemacht, um mit Trommeln und Pfeifen einen dieser neuen Gottesdienste zu stören. Markus' Vater hatte in diesen Wochen viel zu tun, musste immer wieder Weisungen neu schreiben und aufpassen, dass er die Worte so wählte, dass es keine Missverständnisse gab. «Dabei», brummte er manchmal, «sind ihre Gedanken im Grunde genommen gar nicht so schlecht, weisst du, Markus … Wir alle sollen die Bibel in unserer eigenen Sprache lesen und verstehen können. Doch bis es wirklich so weit ist, dass alle lesen können – und sogar schreiben, das werden wir wahrscheinlich nicht mehr erleben. Ich glaube, auch du nicht, Markus.» Dann fügte er hinzu, dass er sowieso am meisten liebe, was er kürzlich in einem Aarauer Teilbeschluss gelesen habe, wo es doch tatsächlich heisse: «…, das yeder gloub, was er wöll.». «Stell dir einmal vor, Markus!», er strahlte und zitierte schliesslich einen seiner Lieblingssätze, die Markus auswendig hersagen konnte: «Kommt her zu mir, die ihr müde und unter Lasten klagt. Aufatmen sollt ihr und frei sein.»

Markus erwachte jäh aus seinen Gedanken, als Gottfried einem, der eine Holzstatue in Richtung Feuer trug, diese mit dem Schrei entriss: «Weg mit den Götzenbildern!» Da wagte einer hinter Markus in der Menge die Bemerkung: «Der Götz übertreibt es mal wieder.» Die Umstehenden lachten, und als andere neugierig fragten, was es zu lachen gebe, machte der spöttische Satz schnell die Runde. «Der Götz – und ein Götz!», rief da einer. «So ein Götz!», rief ein anderer – denn «Götz» konnte auch «Dummkopf» heissen. «Schaut mal», ertönte eine laute Stimme aus dem Pulk: «Da trägt ein Götz den anderen!» Und immer mehr Menschen begannen zu lachen. Und Markus sah, dass sie zuerst den Götz auslachten – aber je länger sie lachten, desto unwichtiger wurde der Götz, der all dem keine Beachtung schenkte und verbissen mit seiner Arbeit fortfuhr. «Ein Götz trägt einen Götz», kicherten die Frauen, «ein Götz – ein Götz», japsten die Männer, sie konnten das Zittern ihrer Zwerchfelle nicht mehr unter Kontrolle bringen. Manch einer hielt sich die Seite oder den Bauch, vornüber gebeugt, die Hände auf die Schenkel schlagend. Das Lachen hatte die ganze Menge bis in die hintersten Reihen erfasst, es brach sich Bahn und war nicht mehr aufzuhalten: Genau so, wie wenn der Aabach nach einem Gewitter über die Ufer trat und alles überschwemmte. Markus sah, wie den Menschen um ihn herum, die eben noch angespannt der Zerstörung zugeschaut hatten, vor Lachen Tränen in die Augen traten. In diesem Moment schienen sie ihm ganz frei zu sein. Frei von der Angst, die sie seit Jahren bedrückte, im Hin und Her der heftigen Diskussionen, der Verfolgungen, Bestrafungen, Befehlen und Weisungen. «Aufatmen sollt ihr und frei sein …»: Markus spürte überrascht, dass auch er zu lächeln begonnen hatte. Vielleicht würde es eines Tages tatsächlich egal sein, ob da Bilder in einer Kirche zu sehen waren oder nicht und die Menschen würden aufhören zu streiten, weil jeder unbedingt Recht haben wollte, ob es so oder anders gemacht werden musste. Und einer wie der Götz könnte sich durch einen besseren Eifer hervortun.

Den letzten Satz streiche ich wahrscheinlich noch, denkt Beat. Klingt doch allzu sehr nach den moralischen Bibelgeschichten, mit denen ich aufgewachsen bin, das hat offenbar abgefärbt … Aber jetzt schlafe ich zuerst einmal. Und wenn ich morgen alles, was ich heute geschrieben habe, mit frischem Blick durchlese, werde ich sicher wieder alles umschreiben. Er grinste ob der vertrauten Aussicht im Kampf um einen Text. Dann löschte er das Licht der Tischlampe und schlurfte, ein Gähnen nur halb unterdrückend, ins Badezimmer. «… das yeder gloub, was er wöll» – ja, das kann man auch auf jede Geschichte beziehen, denkt Beat und lächelt in sich hinein.

Klaus Merz

Nach Seinem Bilde

Wir wissen wenig
über die Reformation
im Kirchsprengel von Kulm.

Doch verweilen wir gern
vor der Zartheit seiner gotischen
Fresken, Bilder vom Menschen,

die vor einem halben Jahrhundert
unterm Putz hervorgeholt wurden,
ihre Wundmale schmerzten.

Auch heute wieder steigt Rauch auf
aus Dörfern und Städten; Menschen
fliehen, die Brandherde wandern.

Und Religionen – Gott sei's geklagt,
sie schüren oft heillose Feuer,
die der Wind weiterträgt.

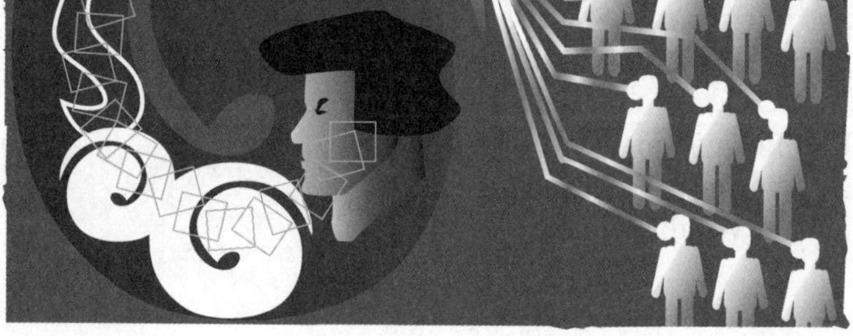

Michel Mettler

Blendendes Licht

«Sie haben also verstanden, was Ihre Aufgabe ist?» Ulrych beugt sich über die Fläche des Tischchens. «Ich möchte alles nochmals durchgehen, bevor Sie loslegen.» Die beiden Jungen sehen sich an. «Denke schon», sagt die, die sich Fabia nennt, und mustert ihren Copain von der Seite: «Eine ziemlich schräge Nummer.» Sie sieht vergnügt drein und nimmt einen Schluck aus ihrem Krug. «Wir sollen in die Leute einbrechen, die da auf Ihrer Liste stehen.» Sie hebt mit spitzen Fingern ein Blatt in die Höhe. «Und nutzen wie vorgeschlagen die neue Fitness-Schnittstelle dafür. Dann übernehmen Sie.» – «Gut. Und bitte, treiben Sie keinen Schabernack dort drin. Sie gehen rein und hinterlassen die Epistel, die ich Ihnen gegeben habe: ‹Will ich, will ich …›, gehaucht und gewispert, dazu der Blick auf grün strömende und weiss schäumende Bäche. Und weg sind Sie.» Die beiden nicken. «Sie fügen nur etwas hinzu, aber nehmen nichts mit.» – «Keine Gefahr», sagt der Dürre, «Eigentum interessiert uns nicht. Wir sind für Mitbenützung, ob es die Mikrowelle oder Schopenhauer angeht. Open Source auf der vollen Linie.» Ulrych macht eine abwiegelnde Handbewegung: «Der Eingebrochene soll nur spüren, dass er besiedelt ist dort drin: mit sich selbst.»

Es tritt eine kurze Pause ein. Irgendwie riecht es nach Fenchel hier. Fabia malt sich aus, was für ein Bild sie abgeben, drei-einig um das Wohnwagentischchen gepfercht, das mit der Eckbank fest verbaut ist – ein jedes auf seiner Seite, der Alte mit dem Rücken zum verhängten Hutzelfenster, wobei der Stuhl zum Raum hin leer bleibt. Das stiftet ein seltsames Gefühl von Vakanz. Man wartet auf den Strohmann.

Ulrych geht seine Checkliste durch und fragt nochmals, ob sie das auch ganz sicher erledigen können, ohne Schaden anzurichten. Fabia wechselt einen Blick mit dem Dürren: «Denke schon. Wir achten darauf, in den REM-Phasen reinzugehen. Wir zwei verstehen wenig von Neurologie, aber es gibt eine Fachfrau in unseren Reihen. Die REM-Phase bietet sich an, da baut sich das prozedurale Gedächtnis auf. Keine Ahnung, was das ist ... Aber eine Frage hätten wir noch.»

«Ja?»

«Was geschieht danach mit diesen Leuten?»

Der Alte nickt. «Wir schreiben sie an und beziehen uns auf die Bild-Epistel, die Sie hinterlegt haben. Die Testpersonen sind frei, zu reagieren oder nicht. Wir rechnen mit einem guten Rücklauf.» Er versucht, Ordnung in seine Notizen zu bringen. Er hat ständig diesen fragenden Ausdruck im Gesicht, aber dem Dürren dämmert jetzt, dass das bei ihm Standard ist. Immerhin sitzen sie seit bald zwei Stunden unter der Gaslampe, der Alte hat in hoher Kadenz durchgetextet und sich kaum bewegt, so geballt ist seine Konzentration. In der Wagenburg rundum herrscht Stille. Die Leute sind wohl informiert, dass er eine Disputation im kleinen Kreis abhält. Und sie wissen, das hier ist Rheinfelden – hier ist er schon mal durchgekommen, als er Erasmus in seinem Basler Institut aufmischte.

«Ablauf, Bezahlung pipapo, alles klar», versichert Fabia, «wie wir Sie kontaktieren auch: das Schliessfach in Sursee. Aber Sie müssen wissen, dass das illegal ist, was wir da tun.» – «Wer definiert, was legal ist – Rom? Oder der ‹militärisch-industrielle Komplex›, wenn Ihnen das lieber ist?» – «Der hat ziemlich viel polizeikritische Literatur aus den Siebzigern gelesen, wenn du mich fragst», sagt der Dürre in Fabias Richtung. Und zu ihm: «Rom, das liegt nicht etwa in Italien? Oder ist das nur eine idée fixe?» – «Komm runter, Bambino, alles gut.»

Ulrych schenkt vom sauren Most nach. «Ich weiss, diese Art Geografie sagt Ihnen nichts.» Sie lachen drei-einig, und Fabia erinnert daran, dass der Dürre sich nur Dinge mit Zahlenanteil merken kann. Der Alte kann witzig sein, findet sie. Er zeigt Sinn für Ideenpointillismus und die kleinen Wortscharmützel, die sich daraus ergeben. Sie beide haben sich auf Anhieb für ihn erwärmt, auch wenn sein Vorhaben etwas verstiegen wirkt, so vollgestopft mit Ideologie und wohl auch Ressentiments. Deshalb fragt sie, ob es wenigstens eine Nummer gibt, wo er notfalls erreichbar wäre. Aber es bleibt dabei: Ulrych und seine Leute sind auf keinem Netz zu finden, daher die unsesshafte Lebensweise. Oder umgekehrt? An Sozialer Technik, meint er, hätten sie so ziemlich alles ausprobiert und wieder verworfen: «Nur damit Sie nicht glauben, ich sei von gestern. Aber bis heute ist das einzig wirksame Instrument das Gespräch von Mensch zu Mensch. Sobald dieses eröffnet ist, dürfen wir auf die Kraft des Arguments bauen. Auf das Wort.»

Die beiden nicken, obwohl das etwas gar nach Lagerfeuer und Urdinkel riecht. Sie sind wahrlich keine blinden Technofreaks – sie nutzen Technik zur Erhellung technologischer Risiken. Wo sie zum Gegenspieler der individuellen Freiheit wird, treten sie in Aktion. Ansonsten geniessen sie ihre Segnungen gern. Die Arbeit ist nicht nur eine Mission für sie, sondern auch ein Heidenspass, den sie nicht missen möchten. Fabia hat nun aber den Verdacht, dass Ulrych Freiheit etwas anders definiert. In ihrer Gruppe, würde sie sagen, geht es um die Freiheit, zu tun. Er hat es mehr mit der Freiheit, zu sein.

Aber ob sich das wirklich beisst?

Sicher haben sie viel gemein. Auch Fabia geht oft in sich und fragt, ob sie noch das Richtige tun. Das hat mit Dads Pädagogenspleen zu tun. Auf seiner Veranda hat er alle Welt ermutigt, eigene Haltungen zu hinterfragen und auf fortlaufende Revision vor den inneren Berufungsgerichten zu pochen. Dafür muss man sich Zeit nehmen – so wie man mit Vorteil zwischendurch den Nachthimmel betrachtet, um sich ein paar Grössenverhältnisse in Erinnerung zu rufen.

‹Man›: Fabia lächelt. Sie vermutet, dass Ulrych durchaus auf ihr kleines Sternenhimmel-Theorem anzusprechen wäre. Und dieses selbstvergorene Zeug, das er im Steinkrug serviert, schmeckt sehr okay.

Längst muss es draussen dunkel sein, aber als sie hier ankamen, war es noch hell. Fabia meint, sich an Holzkisten mit Sprossenzuchten zu erinnern, an Webstühle, aber auch an ein schickes Karbon-Bike, das an einem Planwagen hing, und an ausgeklügelte Windkraft- und Wassergewinnungsanlagen. Die, die nicht mit ihm reisen, nennt Ulrych gern ‹die Vielen›. Ziemlich seltsam. Aber ihnen hat auf Anhieb gefallen, dass an den Wagengrössen keine Hierarchie abzulesen war. Ulrychs mag etwas massiger sein, wegen der Handbibliothek, die er braucht – er ist halt ein ziemlich analoger Krieger. Aber die Installationen hier sind nicht mehr taufrisch, und auch von aussen sah der Wagen unteurer aus als viele, die sie im Umfeld gesichtet haben.

Fabia nimmt durch den Spiralnebel ihrer Abschweifung wahr, wie der Alte weitertextet, mit unbändiger Energie. Jetzt sieht er sie direkt an: «Sie sollen sogar die Keimbahn hacken können, hört man.» Der Unterarm des Dürren zeigt die patentierte Abwinkbewegung. «Das war eine Ente. Aber ich hätte nicht gedacht, dass Sie auch Gratiszeitungen lesen!» Dann erklärt er, welche Unmengen von Technologie man für Sequencing braucht – Mittel, die sie nicht haben:

Sie begnügen sich mit ein paar Motherboards und etwas geborgter Serverpower. Das Genom müssen sie den Multis mit den Saatgut-Interessen überlassen.

Ulrych scheint zu mögen, wie das Temperament des Dürren manchmal unvermittelt durchbricht, wenn ein Thema ihn piekst. «Und an dieser Gratiszeitungs-Legende», sagt er, «haben Sie nicht selber mitgestrickt?» – «Klar kann man mediale Dynamiken nutzen», sagt Fabia, «ein gewisser Nimbus schadet ja nicht, wenn man wahrgenommen werden will. Ich glaube, das ist Ihnen nicht fremd, oder?» Und als keine Antwort kommt: «Über Ihre Gruppe wird so einiges herumgeboten, seit Sie wieder in den Untergrund gegangen sind.»

«Was hätten wir denn tun sollen?», sagt Ulrych. «Als kirchliche Organisation kann man wenig bewirken, so eingebunden und geldmässig abgespeist. Aber das, worauf Sie anspielen, ist nur üble Nachrede – oder ‹schlechte Presse›, wenn Sie so wollen. Beispielsweise haben wir nie Gewalt angewendet. Obwohl wir auf vielen Schlachtfeldern präsent waren – um Leid zu lindern.» Er nimmt einen Schluck und setzt hinzu, persönlich habe er etliche Radikalisierungsphasen durchgemacht, gerade wo es gegen seine einstigen Brüder im Geiste gegangen sei. Kein Ruhmesblatt. Er habe es mit sich und seinem Gebieter ausgemacht.

Wo Religion im Spiel ist, werden sie beide vorsichtig – hat man sich angewöhnt, seit ein islamkritischer Tweet ziemlich nach hinten losgegangen ist. Trotzdem fühlt der Dürre sich offenbar herausgefordert. «Diese Mutter-Theresa-Nummer nehme ich Ihnen nicht ab. Ist ja keine ganz gewaltlose Übung, in das Nervensystem von Mitbürgern einzubrechen!» Ulrych findet, entscheidend seien die Beweggründe. «Oder soll man die Vielen weiterrudern lassen auf ihrer Konsumgaleere? Und auf ein Wunder warten? Soll man hoffen, dass sie von selbst darauf kommen?» – «Sehen wir auch so», sagt Fabia rasch. «Da kannst du bis zum Sankt-Nimmerleinstag warten.»

Sie betrachtet die ledernackigen Bücherrücken. Hat durchaus Charme, so ein Regal. Aber der Nietzscheziegel, der hier mit seinem Gelb das Ambiente versaut, wäre selbst als Datei purer Beton. Es könnte allerdings sein, dass die übrigen Titel gar nie digitalisiert worden sind ... Sie hört, wie der Alte noch etwas weiter herumeiert unter dem Blick des Dürren: «Wir tun es ja nicht, um wehzutun – es sei denn, die zutage gebrachte Wahrheit schmerze; damit ist alleweil zu rechnen.» Er mustert Fabia, und in der jungen Frau regt sich keine Faser Widerspruch. Vielleicht ist es nur die Müdigkeit. Aber auch der Dürre kennt diesen stillen Triumph: Wenn man mit dem Skalpell der Investigation ein paar Datensätze anpiekst, und ganze Konzerne kriegen das Zittern ...

«Und wie nannten Sie's schon wieder, dieses seltsame Muttermal?» Ulrych kramt suchend in seiner Papierprärie herum. «Der InPort? Das ist ein biometrischer Eingang», erklärt Fabia, «den nutzen vor allem Leute, die auf Selftracking stehen – bis jetzt.» Eigentlich ist er für die laufende Auswertung von Körperdaten entwickelt worden, bei gewissen Erkrankungen. Aber das steht nicht mehr im Vordergrund, sie weiss es aus erster Hand. Inzwischen generieren die Konzerne damit Metadaten. Sie überlagern biometrische Datensätze mit den Bewegungs- und Kundenprofilen der *Portibles*.

Ulrych hat kurz die Mostflasche angestupst. Er hat sein eigenes nonverbales Zeichensystem, ziemlich ingeniös. Ja, das war jetzt ziemlich viel Technikkram. Während sie erklärt, dass der Begriff sich aus *portable* und *convertible* zusammensetzt, muss Fabia an die kollektive Ekstase denken, mit der dieses Tool einst begrüsst worden ist: das Tor zum nächsten Golden Age! Noch gar nicht so lange her, und doch tiefstes Mittelalter. Die User glaubten, das Gerät verschaffe ihnen Information und Zugang ohne Grenzen. Dabei war es umgekehrt: Es öffnete anderen den Zugang zu ihnen.

Das findet Ulrych grossartig: «Den Vielen öffnet es Tür und Tor, aber dem Einzelnen verwehrt es den Zugang zu sich selbst!» Nein, so hat sie das nicht gemeint, und das sagt sie auch laut und deutlich: «Man kann ja durchaus Selftracking und Zenmeditation verbinden, oder? Aber eines steht fest: Wer diese Schnittstelle im unabgesicherten Modus verwendet, wird zum offenen Buch für die Nutzerforschung. Das ist schon länger bekannt.»

«Darf ich mal?» Der Alte wedelt mit einem Kabel herum, das die seltene *Light Peak*-Kupplung zeigt. Seltsam, findet Fabia. Oder nur Zufall? Sie kommt gar nicht dazu, länger darüber nachzudenken, denn der Dürre hebt jetzt ihr Haar hoch und zeigt auf ihren Nacken: «Nur sie hat's eingebaut, von der Hochbegabtenschule her. Ich würde das nie machen lassen.» Er klinkt ein, und ehe Fabia das Kabel wieder entkoppeln kann, so als würde sie den Verschluss eines Schmuckstücks öffnen, lachen sie schon über Ulrychs Witz: Fabia sei jetzt mit der Mostflasche in der Ecke synchronisiert …

Sie scheint hinter ihrem schräg fransenden Pony immer wacher zu werden, obwohl sie noch nie in ihrem Leben so viel Saures getrunken hat. Ihr fällt auf, wie seltsam der Alte gekleidet ist mit seinem Überrock, viel zu warm für die Jahreszeit. Das müssen Barchent- oder Lodenstoffe sein, hochwertig verarbeitet, doch bäurisch im Schnitt – von der bombierten Mütze zu schweigen. Unter diesem Filzwust liesse sich so einiges verbergen. Gleich daneben das gelbe Karibik-T-Shirt und darin der hühnerbrüstige Schlaks, dem immer zu warm ist, zapplig wie ein Welpe, und dauerverknallt in die traurigen Tropen … Sie will sich unbedingt noch näher mit Ulrychs Gruppierung befassen. Das Netz spuckte einiges aus, aber nur aus der Zeit, als sie breit verankert waren. Die *Protestanten*: Eine interessante Bezeichnung, wenn auch etwas gar explizit.

Der Alte scheint sich zum ersten Mal etwas unbehaglich zu fühlen, so wie er auf der Bank herumrutscht. Ist ihm doch zu viel Technik im Spiel? Tatsächlich fragt er jetzt, wie er sich das konkret vorzustellen habe, dieses – Tracking?

«Man schliesst sein *Portible* an», sagt sie, «Sie haben's ja in vivo gesehen vorhin, und die Software sendet Echtzeitdaten an eine Zentrale.» Eine Weile eilt Ulrychs Feder übers Papier, während es im Wagen ruhig ist, bis auf das Strömen des Lampengases. Er sagt: «Gut, das ist hilfreich – ich wollte meinen Leuten schon lange davon berichten.» Er deutet in einer vagen Gebärde um sich, und sie horchen auf die Geräusche aus den anderen Wagen. Tatsächlich, es gibt Leben im All: Man hört Wasser plätschern und ein Kind wimmern. Ulrych hat Fabias Blick bemerkt. «Sie wachsen ohne diese Sachen auf. Aber wir sind nicht puristisch. Sie sollen wissen, dass es den weit gespannten Irrealis dieser Netze gibt; welche Bedeutung er für die Vielen hat. Sie sollen keine Angst davor haben; wir versuchen, sie daran heranzuführen; wenn sie als Erwachsene abstinent leben wollen, müssen sie es kennen; auch auf die Ablehnung der Vielen, die ihnen begegnen wird, müssen sie vorbereitet sein.»

«Also das Gas da», sagt der Dürre und zeigt auf die Lampe, «das kommt aus einer Flasche oder Kartusche, die man nachfüllen lässt, oder? Wo beziehen Sie die?» Der Alte zuckt mit den Achseln. «Ist das etwas Religiöses? Haben Sie etwas gegen Elektrizität?» – «Überhaupt nicht. Das ist nur die beste Lösung für unterwegs, wenn man nachts lange liest.»

Ulrych nimmt seine Gäste fester in den Blick und legt eine Pause ein. Recht gekonnt, wie er zwischendurch das Tempo aus seiner Dozentur rausnimmt, findet Fabia. Und plötzlich packt sie die Angst, sie könnten hier an einen weiteren Paranoiden geraten sein, oder an einen Fall von unbedarftem Kulturpessimismus. Soll sie ihm Passigs *Standardsituationen der Technologiekritik* ans Herz legen? Er ist ja als manischer Leser bekannt. Nein, sie verwirft den Gedanken wieder. Haben sie nicht letztes Mal davon gesprochen, im Zusammenhang mit früheren Warnungen vor dem schädlichen Einfluss der Eisenbahn? Da hat er sich sattelfest gezeigt.

Die Jungen sehen sich an. «Müde, Bambino?» – «Nö, aber etwas abgefahren wirkt das alles schon.» Allerdings hat sie von Anfang an Ulrychs wache Neugier gespürt, als Wärmepol. Seit ihre Gruppierung bekannt geworden ist, musste sie lernen, echtes von gespieltem Interesse zu unterscheiden. Man versucht ja oft, sie zu instrumentalisieren. Das hier ist etwas anderes. Dieser Mosttrinker handelt in einem Interesse, das er glaubhaft für übergeordnet hält. Er mag mit etwas viel Sendungsbewusstsein ausgestattet sein, aber eines steht fest: Eine private Vendetta ist das nicht, so reuig, wie er von alten Zwisten erzählte. Fabia hat einen Instinkt für sowas. Wohl auch deshalb ist der Dürre von Anfang an ziemlich entspannt auf ihn zugegangen – was nicht selbstverständlich ist.

Nach einer Pause fragt Ulrych nochmals nach, und Fabia betont, dass sie keine Organisation, nicht einmal wirklich eine ‹Bewegung› sind, nur ein lockeres Bündnis von Leuten mit vereinbaren Absichten. «Spontimässig!», sagt der Dürre, und wie immer klingt dieses Wort etwas triumphalistisch aus seinem Mund. «Wir legen offen, das ist alles», sagt Fabia, bemüht um Versachlichung. Nur, das ist ein Satz, den sie etwas zu oft verwendet hat, auch damals im Interview mit NTV. Aber hier klingt er seltsamerweise wieder richtig. Der Alte hat ihm eine Festigkeit zurückgegeben, die am Bröckeln war – obwohl er jetzt weiterbohrt: «Sie fördern etwas zutage, aber die Schlüsse, die sich daraus ziehen lassen, interessieren Sie nicht? Das kann ich nicht glauben.»

Der Dürre versucht, es zu beschreiben, das Gespenst der Transparenz: Diese Datenräume werden sichtbar, indem man sie betritt. Das genügt bereits. Die Betroffenen stellen sich ein grell ausgeleuchtetes Schaufenster vor, sie darin mit Ganovengesicht – und geraten in Panik. «Wie Kakerlaken, wenn das Licht angeht.» Ja, so ähnlich hat er's schon mal ausgedrückt, und schon damals fand Fabia die Insektenmetapher gewöhnungsbedürftig. Aber an der Nachbesprechung hat man es als Wortklauberei abgetan.

In der Regel wiederholt er sich doch ungern, der Dürre. Er sieht gerade etwas ausgeloggt aus. Ob sein Immunsystem auf so viel Most vorbereitet ist? «Zuerst reagieren meist die Geleakten selbst», sagt sie. «Das spricht dann für sich selbst. Wir bewerten unsere Funde nicht. Das würde ihre Aussage schwächen, und ein Teil der Wirkung wäre vertan. Das Material ruft die Deuter auf den Plan. Und die Deuter sind eine andere Spezies als wir.» – «Schön», findet Ulrych, «cinéma vérité. Das ist ein poetisches Prinzip. Das gefällt mir.»

Sie lachen selbdritt, und der Dürre kommt aus dem Orchestergraben zwischen Tisch und Wand etwas hoch. Ulrych will nochmals über das Finanzielle reden, aber Fabia hebt bloss die Hand. Sie werden nur Spesen verrechnen, das kann er schriftlich haben, wenn es ihn beruhigt. «Nobel, was?» Der Dürre grimassiert anorektisch. «Das ist kein Armutsgelübde, aber sie», (er zeigt auf Fabias Nase) «vergöttert ihre Unabhängigkeit. Jeder von uns könnte mit Industriespionage kräftig abkassieren. Nur wozu, wenn am Zehnten die WG-Miete schon bezahlt ist – und genug Bier da für eine Woche.»

Fabia möchte einen ernsteren Ton reinbringen und erzählt, wie mal einer absichtlich seinen Job vermasselte, weil es gegen seinen Brötchengeber ging. Daraus habe man gelernt. Ulrych strahlt. «Wir haben uns schon vor langer Zeit von den Diäten der Mutterorganisation befreit. Viele von uns waren zuerst Sticker und Weber.» – «Ist das was mit Schifffahrt?» Fabia durchwuschelt lächelnd das Haar des Dürren: «Erklär ich dir später, Bambino – wenn's dich wirklich interessiert.»

Sie erinnert sich an die erste Begegnung mit Ulrychs Leuten. Das war im tiefsten Luzerner Hinterland, wo man die Gruppe logieren liess, weil sie erwiesenermassen friedlich seien und oft ungefragt Aufräumarbeiten in Feld und Wald verrichten würden. Sie kam mit dem Dürren zu Fuss von der Busstation. Das Camp lag unweit der Mündung, wo der Felssporn des Bergs in bewaldete Flanken überging. Auf der Lichtung legten mehrere Wagenburgen ihre Ringe aneinander und bildeten ein nächstgrösseres, nur von fern überschaubares Rund. Ein seltsamer Geruch wie von Fenchel in der Luft. Die Kleinkinder spielten nackt im manegenartigen Innenraum, rannten kreuz und quer, badeten in Bottichen oder spielten mit Ruten. Die Älteren schlugen sich durchs Buschland, das die gerodeten Flächen säumte, trieben Bandenbildung und Erdlochbau. Wäsche flatterte an den Leinen und setzte eine weisse Punktschrift zwischen die Wagenleiber. Dann schlug eine Glocke an: ‹Will! Will! Will!›, kurz und gebieterisch, und in Hörweite liess alles den Löffel im Brei stecken, schmiss die Arbeit hin, setzte Kind und Kegel in den Dreck und rannte zum weissen Zelt. Da hatte Fabia einen Widerwillen verspürt gegen diese simultanen Reflexe, aber auch eine Sehnsucht nach dem Geruch von offenem Feuer, der Freiluftgitarre und dem schon lange verlorenen Smaragdgrün am Ufer der Bäche, die weiss schäumend durch ihre frühen Jahre im Berner Oberland getost hatten.

Ulrych nähert sein Gesicht dem Lichtkegel der Lampe – sie wissen beide, dass jetzt etwas Wichtiges kommt. «Wer keinen Zugang zu sich selber hat, ist für unsere Sache verloren. Also müssen wir ihn wieder öffnen. Jetzt gehen wir halt erst mal illegal da rein. Ich habe mich dazu entschlossen, weil ich fast sicher bin, bei dieser Gattung Mensch taugen die üblichen seelsorgerischen Zugänge nicht.»

Gerade ein netter Ausdruck sei das nicht, ‹diese Gattung Mensch›, findet Fabia. Sie hätten übrigens bisher noch keine Zeit gehabt, seine Personenliste durchzugehen, aber er solle bedenken, was sie ihm über Metadaten erklärt habe: «Diese Liste sagt auch etwas über Sie.»

Der Alte lacht breit und behäbig. «Davor haben wir keine Angst. Es ist auch kein Geheimnis: Das sind Leute, die zwischen Job, Fitnesstudio und Stockwerkeigentum pendeln, angekettet auf der Konsumgaleere, musik- und serienberieselt rund um die Uhr. Worüber sollen die auf der Couch berichten?»

Freud könnte da seine Einwände haben: Was sich schwer knacken lässt, ist deshalb noch lange keine taube Nuss. Während der Dürre wieder in die Untiefen zwischen Tisch und Täfelung abgetaucht ist, schaut Fabia an Ulrych vorbei auf die Holzschnitz-Werkzeuge, die an der Wand befestigt sind. Seltsam, sie hat nirgends die entsprechenden Skulpturen gesehen … Ja, dieser Job wird schwer und stressig. Wie sollen sie sowas nur auf Datenbasis stemmen, ohne Labor-Infrastruktur? Bisher ist die Schnittstelle ja einzig für den Download ausgelegt. Aber etwas hochzuladen, für diesen Versuch gibt es keine Referenz. Jetzt spürt sie einen ungesunden Respekt vor der Aufgabe. Sie muss auf Dads Veranda damit. Vielleicht werden sie sogar einen Rückzieher machen. Allerdings, wenn der Terrierkiefer des Dürren sich mal in eine solche Materie verbissen hat …

Fabia sitzt noch immer aufrecht da, ein leises Rumpeln im Bauch; als fehle ihr ein Enzym, um aus dem Most einen höheren Botenstoff zu machen. Sie hört den Alten weitertexten: Der künstliche Eingang sei die letzte Möglichkeit, wenn jemand geistig verrammelt und in Zwängen verfestigt sei. Es gehe um diesen Innenraum, den die Psychologie für sich reklamiere, der aber noch ganz anderen Mächten gehöre. «Wir stellen da einen Reflektor hinein, mehr nicht. Diesen Raum gibt es ja von Geburt, er ist ein Teil der Schöpfung Mensch; nur lassen viele ihn ungenutzt. Solange das so ist, leben sie im Grunde gar nicht. Sie vegetieren.»

«Huh-huh!» Der Dürre mimt mit Flügelschlägen ein kleines Gespenst, das unter dem Tisch hervorkommt. «Ihm ist das zu esoterisch», sagt Fabia, «können Sie drauf gehen.» Für Ulrych kein Problem. Sie sollten nur noch dieses eine bedenken, findet er: Schon die Sprache verrate, dass es seit langem diese Zweiheit von Innen und Aussen gebe. «Wir sagen: ‹Geh in dich! Setz dich auseinander! Teil dich mit! Komm aus dir heraus!› Klingelt da was?»

Als von seinen Gästen nichts kommt, fügt Ulrych an: «Es geht mir also um die Ärmsten (die alles haben) und um die Hilfsbedürftigsten (denen nichts fehlt).»

Das ist packend gesagt, aber auch etwas holzschnittartig. Fabia sucht nach einem Weg, um etwas von diesen Stereotypen wegzukommen. «Es wäre spannend zu erfahren, wie Sie auf die Idee gekommen sind», sagt sie deshalb aufs Geratewohl. In Ulrychs Blick blitzt ein Anflug von Eitelkeit auf. «Mein Plan geht auf ein Experiment der Angstforscher Garcia und Sœderblom aus den 50er-Jahren zurück.» Er rückt seine Masse auf der Bank zurecht, als gelte es, erzählend zu einer Saturnmission aufzubrechen. «Garcia und Sœderblom stellten in Illinois mit polizeilicher Genehmigung ein Team zusammen, das in ausgewählte Haushalte einbrechen sollte. Danach wurde das Sicherheitsgefühl der Testpersonen untersucht. Die Verletzung der häuslichen Intimität hatte es merklich verändert. Später haben Hersteller von Alarmanlagen dieses Verfahren benutzt, um auf Schwächen der Konkurrenz zu verweisen.»

Die Jungen lachen, aber Ulrych bleibt unerschüttert in seinem Ernst: «Unterschätzen Sie das nicht! Bei den Probanden hat dieses Gefühl von Bedrohtheit eine Vielzahl von Aktivitäten ausgelöst. Man könnte sie mit alten Begriffen zusammenfassen: Sinnsuche, Wahrheitssuche, Selbstsuche. Es gab auch juristische Nachspiele, das will ich nicht verschweigen. *Wir* bewegen uns da zum Glück auf offenerem Terrain, weil Ihr InPort noch so neu ist. Aber das Prinzip ist das gleiche: Man bricht ein, um zu zeigen, wie ungeschützt jemand ist – man entlarvt eine falsche Behaglichkeit. Nur zielen wir nicht auf das Sicherheitsgefühl. Wir zeigen einen Resonanzraum, der geschaffen wäre für das Selbstgespräch – ‹die innere Disputation› nennen wir es; das ist die Ressource, nach der wir streben. Wer mit sich spricht, ist für unsere Sache zu gewinnen.»

«Garcia und Sœderblom, die innere Disputation …», sagt Fabia, «alles wunderbar und aufs Schönste versponnen. Aber da ist mir nach wie vor vieles unklar. Was muss ich mir darunter vorstellen, dass jemand unbekannte Bilder und Stimmen in sich vorfinden soll – was kann das bewirken? Ich meine: Wie wollen Sie damit ein konkretes Ziel verfolgen? Das ist doch, als würde man einen Stein in den Ziehbrunnen werfen.»

Ulrych überlegt einen Augenblick, dann sagt er: «Haben Sie auch schon über einen Traum nachgedacht, den Sie hatten?» – «Na was denken Sie denn, natürlich», platzt der Dürre heraus. «Erst vorgestern wieder …» – «Dann haben Sie über ein Rätsel nachgedacht, oder gleich über mehrere: Das Rätsel des Ich, das träumt, und das Rätsel des grossen Ganzen, von dem es sich umgeben sieht. Das Treiben der Fantasie und das Treiben der Sterne, dieser Räume, die nicht auszumessen sind: ‹Welt›, ‹All› oder auch beides zusammen. Und dabei der Verdacht: Was ich mir träume, könnte ein Gleichnis für etwas sein, das anders nicht an mich herankommt.» – «Also, ich habe von einem neuen Fernsehkanal geträumt, den ich entwickeln sollte», sagt der Dürre: «Chaos-TV. Auf Seuchen, Schlamassel und Karambolagen spezialisiert.» – «Typisch Bambino!», sagt Fabia. Ein wenig schämt sie sich, ein wenig ist sie auch stolz. Aber Ulrych scheint genau zu verstehen: «Eben», sagt er, «und vielleicht haben Sie sich gefragt: Will ich mir selber etwas bedeuten mit diesem Chaos-TV, oder spricht etwas anderes in dieser nächtlichen Sprache zu mir? Jenes Grosse, das mit den Instrumenten des Tags nicht zu fassen ist? Genau darauf wollen wir hinaus.»

Er zeigt auf Fabias Nacken: «Wenn wir unsere Bildsequenz einspeisen, und diese Stimme, dann glauben wir, dass das irritierend genug ist, um diesen Prozess auszulösen: das Nachdenken über ein Rätsel, dessen Teil ich bin. Wir glauben, dass die Geheimnislosigkeit ein Irrtum der technischen Welt ist.» – «Mein Lieblingsschriftsteller hat darüber geschrieben», sagt

Fabia. «Der Text heisst ‹Von den Gleichnissen›.» Ulrych lächelt erfreut: «Ach, Kafka; den kenne ich ganz gut. Er ist etwas zaghaft in seinen Schlüssen, aber er stellt die richtigen Fragen.»

Fabia zitiert aus dem Gedächtnis: «Alle diese Gleichnisse wollen eigentlich nur sagen, dass das Unfassbare unfassbar ist, und das haben wir gewusst. Aber das, womit wir uns jeden Tag abmühen, sind andere Dinge. – Darauf sagte einer: ‹Warum wehrt ihr euch? Würdet ihr den Gleichnissen folgen, dann wärt ihr selbst Gleichnisse geworden und damit schon der täglichen Mühe frei.› – Ein anderer sagte: ‹Ich wette, dass auch das ein Gleichnis ist.›»

«Fabelhaft!» Ulrych lacht glucksend, streckt die Beine unter dem Tisch und blickt ein paarmal zwischen seinen Gästen hin und her. «Ich bin Gegenstand des Rätsels – und zugleich der, der es lösen soll. Anderswo beschrieben als Subjekt-Objekt-Problem. Eine heillos verzwickte Situation. Sie ist nur zu klären, wenn eine Instanz ins Spiel kommt, die für dieses Grosse steht. Sie können's nennen, wie Sie wollen: ‹die Macht› oder ‹die Energie› oder ‹die liegende Acht›. Solange das ausgespart ist, bleibt der Text, bleiben seine Figuren unerlöst und gefangen.»

Der Alte steht auf, und obschon sein Gebaren ihnen oft fremd ist, merken sie gleich, dass dies wohl das Schlusswort war. Sie packen rasch ihre Sachen zusammen. Ulrych reicht Fabia die Hand, weichfaltig und warm, und es stellt sich ein irritierendes Bild ein, das von seiner Mütze auszugehen scheint: grün strömende, weiss schäumende Bergbäche, und eine Stimme, die in sanfter Tinnitus-Schleife wiederholt: ‹Will! Will! Will!› Sie schiebt die Trailertür auf. Ihr ist, als habe diese ganze Unterhaltung nie stattgefunden – oder nur im Traum. Und war es nicht Abend, als sie herkamen? Blendendes Licht dringt herein und macht ihren Augen klar, wie dunkel es die ganze Zeit da drinnen war.

Barbara Schibli

Gerettete Pietà

Aus einer Kirche verschwindet es sich an und für sich nicht so leicht.

Und doch: Sie ist weg.

Sie schliesst die Augen und hofft, sie so wieder zu sehen. Und tatsächlich steht sie wieder vor ihr. So oft angeschaut, das Gesehene in sich aufgesogen, zu ihr gesprochen, sie angerufen, nie damit aufgehört. So dass sie nun wieder da. Doch kaum öffnet sie die Lider: Unsere lieb Frauen, die heilige Maria, bleibt verschwunden. Und mit ihr der gestorbene Sohn.

Sie stellt sich vor: Die Lücke, die so ein Verschwinden hinterlassen haben muss. Beinahe, so stellt sie sich vor, wünscht man sich dann, da wäre nie etwas gewesen, nur um diesen Verlust nicht ertragen zu müssen.

Trauern allein.
Ein Stück weit bleibt es das immer.
Da können andere vor und nach dir gehen.
Das bleibt sich gleich. Es ist ein Verlassensein.

Auch wenn sie nicht von sich aus ging.
Die eigene Trauer bleibt. Das macht es ja so ungeheuerlich.

Da war sie eben noch, mit ihrem von Trauer ausgemergelten Gesicht, ihre Gestalt, die zwar gerade steht, aber eigentlich ohne jegliche Kraft, und sich doch nicht beugt, ganz aufrecht hält sie ihren Sohn im Arm, stützt ihn, dem das Blut aus allen Wunden tropft. Als gäbe ihr der Umhang hier in dieser Situation noch Halt, als wäre der schwere Stoff ganz mit Zuckerwasser gestärkt. Stärke und Schwäche gehen ineinander über, wer wen stützt?, fragt eine Stimme. Wer hält das aus, einen toten Sohn? Noch mehr: einen getöteten Sohn, einen von einer Meute hingerichteten Sohn?

Dieser tote Sohn liegt üblicherweise über den Schoss der Mutter, hängt über ihn hinaus, über ihn hinab, doch hier steht er, als wollte der Künstler nochmals zeigen, seht, was ihr ihm angetan habt. Seht es in seiner ganzen Grösse. Und seht vor allem, was ihr seiner Mutter angetan habt.

Wie manches Mal hatte sie zur Pietà gebetet, wie oft fühlte sie sich verbunden mit ihr in diesem Schmerz, litt mit ihr? *Stabat mater. Fac me vere tecum flere: Lass mich herzlich mit dir weinen.*

Schaut die Mutter voller Schmerzen

Wessen Auge kann der Zähren
Bey dem Jammer sich erwehren,
der die Mutter Christi drückt?

Drük, o Heilge, alle Wunden,
die dein Sohn für mich empfunden,
tief in meine Seele ein!

Lass in Reue mich zerfliessen,
mit ihm leiden, mit Ihm büssen,
mit Ihm theilen jede Pein!

Sie hatte mit der Gottesmutter mitgefühlt, mitgelitten, mitgetrauert, stand mit ihr im Gespräch.

Und nun ist sie weg. Man hat sie entwendet.

Es gab in der Umgebung zahlreiche Vorfälle, sie hat von ihnen gehört, alle reden davon. Wenn in einem der Dörfer in der Region wieder etwas verschwindet, geht das rum wie ein Lauffeuer. Alle sind angespannt. Alles ist angeheizt in diesen Tagen, man weiss nicht, worin das Ganze noch kulminieren wird.

Im Wirtshaus wird wild disputiert. Ein jeder hat schon etwas gehört, aus dem Bayernland oder von Höngg, Wipkingen, Zürich sowieso, und auch aus anderen Aargauer Gemeinden. So langsam bildet man sich eine Meinung. Die Familien sammeln sich. Bauen einen rhetorischen Wall gerade gegen den Nachbarort Luzern. Doch auch die Hiesigen sind sich so einig nicht, und selbst wer einmal Stellung bezogen, ändert die Haltung schon mal wieder. Und nicht immer sind die Gründe rein religiöser Natur.

Das Körperliche dieser Heiligendarstellungen würde den direkten Zugang zu Gott verwehren, sagen einige, andere auch, die Bildnisse seien ein Hohn, denn die wahren Ebenbilder Gottes seien die Armen. Die Darstellungen werden deshalb zu Dreck erklärt. Einige sagen, der Tischmacher, der Helfer zu Brittnau, halte gar eigenartige Reden. Er habe gesagt, dass die Abhaltung der Messe durch den Priester niemandem als dem Priester selbst nütze, und also nicht anderen Lebenden oder gar Toten. Die Messe sei zudem ein Testament, kein Opfer, wer dagegenhalte, sage nicht die Wahrheit.

Amen.

Es kommt zu bösen Streitigkeiten, unweigerlich.

Sie geht nicht mehr gerne in den Gottesdienst. Der erscheint ihr zunehmend ein Politikum. Vorwürfe gehen hin und her. Und die eine oder andere Affaire wird da auch noch zu tage geführt. Man ist schliesslich doch ganz von dieser Welt.

Und dann schreiten die ersten zur Tat. Sie sind überzeugt von dem, was sie tun. Sie entwenden und zerstören.

Diesen Aktionen zum Opfer fallen: Heiligenbilder, Altartafeln, Statuen.

Hinaus aus der Kirche, fort soll das Zeug!

Man hetzt sich gegenseitig auf. Wettert gegen die Götzenbilder.

Man hört es überall: Schändungen an Bildnissen seien nicht unrecht. Dieses Zeugs hätte nun hier nichts mehr verloren. Die Taten werden also wohl gedeckt werden. Davon ist auszugehen. Manchmal sind es auch Nachtbuben, die zur Tat nun schreiten.

Wer führt darüber Buch? Wer wird später einmal noch davon wissen, von dem was jetzt hier, in diesen Tagen passiert? Wird es Geständnisse geben, Zeugeneinvernahmen zu dem, was sich schon vor Monaten weiter im Norden abgespielt hat, und nun von Zürich her, wo alles vor drei, vier Jahren begann, auch in den Aargau schwappt, sich auch in unseren Dörfern auszubreiten beginnt?

Was geschieht, geschieht meist brutal. Statuen werden verstümmelt, Arme und Nasen abgeschlagen, vergraben, versenkt oder verbrannt. Manchmal wird aber auch einfach alles Kaputte liegen gelassen, und die Sigriste räumen die Trümmer weg. Oder versuchen zu retten, was da noch zu retten ist.

Auch ehemalige Stifter sind unter den Bilderstürmern. Selbst sie wollen ihre Güter, einst grosszügig finanziert, mit der Überzeugung, etwas für das Seelenheil zu tun, nun nicht mehr. Einzig das Material, die darauf verwendete Arbeit ist wertvoll, aber die Objekte bedeutungs- und wertlos.

Sie oder ihre Vorfahren hatten Aufträge formuliert, waren mit den Kunsthandwerkern ins Gespräch gekommen, hatten ihre Wünsche in Worte zu fassen versucht. Heilige oder Heiliger, Art des Holzes, Höhe und Form der Darstellung. Aber wer kann schon darüber sprechen, wie ein von Schmerz verzehrtes Gesicht auszusehen hat, wie sehnig Hände, wer weiss schon, wie tief die Fingernägel zu sitzen haben, wenn danach noch Kreide und dann Farbe vom Fassmaler aufgetragen werden sollen? Vielleicht wollten sie es so genau dann auch gar nicht wissen. Wichtig war: Die bisweilen doch sehr hohen Ausgaben würden einem wieder zugutekommen, wenn auch nicht mehr auf dieser Erde, nicht mehr in diesem Leben, doch im Jenseits ganz bestimmt, davon war klar auszugehen. Sie hatten darüber gesprochen, eine Muttergottes sollte es sein, doch nicht alleine, eine Pietà, Muttergottes mit Sohn. Der Holzbildhauer nickte, er würde sein Bestes geben, während der Arbeit an ihr nur für diese leben.

Der Fassmaler auch. Dem Inkarnat, der Fleischfarbe, widmet er besondere Aufmerksamkeit. Er mischt mehrere Farbtöne, auch solche, die man mit ungeschundener Haut vorerst gar nicht auf Anhieb in Verbindung bringt: Grün und Blau. Auf den Wangen lässt er die Knochen durchschimmern. Auch die verschiedenen Gelenke lässt er beinahe durch die Haut fahren. Er weiss vieles über den menschlichen Körper, was er gar nicht wissen dürfte. Im Holz lernt er den Menschen kennen.

Und dann muss er alles fahren lassen, denn es geht letztlich um Transzendenz.

Am längsten hatte der Bildhauer an den Gesichtern gearbeitet. Die feine Nase, die knochigen Wangen, die tiefen Furchen um den Mund. Immer und immer wieder hatte er sich eingefühlt in die Frau und sich gefragt: Wie sieht Trauer aus? Wie verzerrt der Schmerz ein Gesicht? Wie wird es aufgelöst und kümmerlich? Kleinste Justierungen, immer wieder der prüfende Blick. Bis alles stimmte. Und dann die Finger, die zwar nur leicht angedeutet, aber gerade in ihrer Feinheit, ihrer Flatterhaftigkeit, die nun doch diesen toten Leib halten müssen, eine grosse Herausforderung. Ein einziger Stoss mit dem Stecheisen zu viel, und eine Fingerkuppe wäre weg, eine Hand plötzlich zu schmal.

Und dann endlich stand sie da. Von Meisterhand.

Bereits im Vorfeld der Bilderstürme gingen die Bestellungen zurück. Vorauszahlungen gab es nicht mehr. Dann wurden Aufträge in Abrede gestellt, bereits fertiggestellte Bildnisse nicht mehr bezahlt. Die Lage wurde für einige äusserst prekär. Auch früher ging schon mal ein Heiliger zu Bruch. In der Wut hatte ihn ein Gläubiger vom Sockel gestossen – wenn diese Statuen nichts nützten, nicht halfen in der Not, dann war das doch unnützer Tand. Doch die Zerstörer fingen sich wieder, brachten die Figuren bisweilen sogar selbst in die Reparatur. Doch in diesen Tagen will man hiervon gar nichts wissen. Zerstört bleibt zerstört, entwendet entwendet.

Die Pietà wurde in einen Graben geworfen, und ihre Nachbarin hatte sie dort entdeckt und auf den Brunnenstock gestellt, ihr dies dann gesteckt.

Als sie herbeieilte, hörte sie, wie die Runde Witze machte. Die Männer lachten, der Christus verdecke sein eigenes Besteck. Und da sah sie sie weinen. Sie hat in die Runde geschaut, hat versucht, die Diebe zu erkennen und dann sprach die Heilige Maria aus Holz ganz ruhig: «Wisset ihr, was ihr hier thuet?» Und dann sind ihr Tränen über ihr Gesicht geronnen. Sie wartete die Nacht ab, nahm sie unter den Arm und brachte sie ins benachbarte Wikon, brachte sie in die Schlosskapelle.

Da steht sie nun in dieser Nische, links. Hält ihren Sohn, stützt ihn sanft, damit er nicht ganz kippt, doch es ist nur noch sein Körper, der schwer nun nicht mehr ist. Die Qualen spürt er nicht mehr. Sein Gesicht, die geschlossenen Lider, das wirkt schon sanft, vielleicht erlöst nun. Sie hingegen hat diesen leeren Blick, der weiss, was geschehen ist, ja, über das hinaus was geschehen ist, sie hat gesehen, was alles möglich sein kann. Wohin kann man dann noch blicken? Wohl kaum voraus. Und sicher nicht den Betrachtern in die Augen. Denn in diesem Moment ist man letztlich doch ganz bei sich. Oder bei Gott? Wird er ihr Trost spenden können?

Die Hand hält sie ihrem Sohn aufs Herz. Damit die Verbindung nicht abbreche, auch über den Tod hinaus.

Sie schaut sie an, diese Pietà, von der es heisst, dass sie gerettet worden sei. In einem langen Gedicht wird davon berichtet. Es ist gut dokumentiert. Sie liest die 42 Zeilen.

Merk auf mein Christ und hör mich an,
Ein Wunder ich will sagen,
So Gott an diesem bilt gethan
und hat sich zugetragen.

Ein Film läuft in ihr ab.

Und sie schaut sich um, ob hier irgendwo eine Überwachungskamera hängt.

Steh mir bei.

Und als sie sich umdreht, sieht sie den Christus am Kreuz, der auch hierher getragen worden war, nachdem man ihn verbrennen wollte, und ihn jemand dem Feuer entriss.

Da stehen und hängen sie also, die geretteten Gestohlenen.

Sie ist nicht verlassen.

Und sie, die Tochter eines Kunstschreiners, denkt: Nicht zufällig haben sie die Statue jetzt hier unter ein Bildnis vom Heiligen Georg platziert, dem Drachentöter. Er, der gegen das Ungeheuer kämpft, das nie wirklich totzukriegen sein wird.

Und sie geht an den Kirchenbänken vorbei, auf denen grünweiss gestreifte, gestrickte Kissen liegen, ganz verstreut, die auf die Klosterfrauen verweisen, die hier demnächst ihr Vespergebet abhalten werden. Jede immer am selben Platz. Jede für sich, und doch zusammen. Stehen einander bei.

Sie geht hinaus und denkt an Bulldozer, die vor zwei Jahren ein Kloster in der Nähe von Homs niederwälzten.

Und von unten lässt das Heitere Open Air den Hügel pulsieren.

Margrit Schriber

Das grosse G

Am 2. Dezember des Jahrs 1680 können die Bürger der Stadt Zofingen eine auffällige Erscheinung am Himmel entdecken. Der Stern ist von so ungewöhnlicher Helligkeit, dass er auch am Taghimmel zu sehen ist.

Prädikator Johann Jakob Hürsch hält das Gebilde für das Zeichen des nahen Weltuntergangs.

Stiftsschaffner Abraham Dick verknüpft dieses mit den besorgniserregenden *Conjuncturen* und erwartet eine *traurige Enderung*.

Schultheiss Samuel Schumacher meint, es sei ein *erschröcklicher Comet*.

«Es ist etwas Schönes», findet die Jungfer Susanna Lüscher. «Etwas Praktisches.» Sie kann in der Nacht ihr Pergament auf dem Hofplatz aufspannen und dem kleinen Samuel im ungewöhnlich hellen Licht den ersten Buchstaben der Kalligrafie beibringen, während ihre Mutter die dunklen Wollhosen ihres Meisters bletzt.

Für gewöhnlich löscht das Gesinde nach dem Trompetenstoss des Turmwächters Konrad den Kiel im Ofen, steigt zum Dachstock und legt sich auf die Pritsche. Dann sind die Stadttore geschlossen und das Bettelvolk schlägt sich draussen in die Büsche. Nur die Hafner werken noch bei ihren Feuern und giftigen Dämpfen. Sie haben sich den Schlüssel fürs kleine Tor geborgt. Dieses erreichen sie auf einem Umweg, denn sie meiden in der Finsternis den Weiher. Es sei dort nicht geheuer. Eine ertrunkene Jungfer lauere auf Burschen. Doch jetzt im Schein des hellen Kometen nehmen sie den kurzen Weg durchs Riedgras zur Stadt. Die Gesellen finden heute sogar den Mut, in den glitzernden Weiher hineinzuschauen und die Jungfer mit einer Weidenrute zu fecken.

Konrads Trompete blitzt im Wehrgang auf. Solange Susanne sich in der Tiefe übers Pergament beugt und ihre Mutter, diese Hure, sie mit der Flicknadel und Schere bewacht, da lehnt er in einer Nische. Falls in der Oberstadt ein Feuer ausbricht, kann er es von diesem Standort sofort entdecken und seine Trompete schmettern. Falls ein solches in der Unterstadt ausbricht, dann ist es Gottes Wille. Ob es hier zu lodern beginnt, oder am anderen verfluchten Ende dieser Stadt, spielt jetzt keine Rolle. In diesem Augenblick zählt nicht einmal die eherne Regel, nach der kein Löschender vom Brandplatz weichen darf, um seine Habe in Sicherheit zu bringen, ehe das Feuer das dritte Gebäude neben dem eigenen Haus erreicht.

Die Welt geht unter. Ohne Regeln.

Am letzten Tag zählt nur, dass Konrad klaren Kopf behält und seine flinken Beine nutzt. Wenn alle schreien, saust er die Turmtreppe hinab und schnappt sich Susanne. Sie gehen zusammen unter. Aber vorher, da öffnet sich ihnen das Paradies.

Der Morgen bricht an, ohne dass etwas Ungewöhnliches geschieht.

In der folgenden Nacht taucht die Himmelserscheinung wieder auf. Im Gerberhaus Zimmerlin hat Susanna den kleinen Samuel aufgeweckt. Sie will mit ihm im Lichtschein die Schreibübungen mit dem Hühnerkiel fortsetzen.

In der sechsten Nacht des Kometen beherrscht der Fünfjährige acht Schriftzeichen. Doppelt so viele, wie Samuels Kindermädchen erwartet hatte.

Die Himmelserscheinung wird immer ungewöhnlicher und heller. Im Verlauf des 6. Dezembers wird der Komet von der Sonne eingesaugt. In der Nacht herrscht Dunkelheit.

Was hat sich geändert? Nichts! Das Gesinde kriecht hungrig auf die Pritsche. Die Stadt schläft, bewacht von Konrad, dem Trompeter. Die Hafnergesellen meiden den Weiher. Um vier Uhr früh werden die schweren Tore quietschend aufgestossen. Abraham Ringier nimmt mit der Münzbüchse seinen Platz in der Zollhütte ein und die Torwachen beziehen Posten. Landvolk wartet schon mit Karren, Hutten und Ochsenfuhrwerk. Händler tanzen auf dem Pferd herein. Schlachtvieh wird in die Stadt getrieben. Taglöhner betteln um Arbeit, doch niemand hat Arbeit. Die Bettler kriechen aus den Verstecken, rennen durchs Tor, verschwinden irgendwo, greifen in die Vorratskisten und sorgen für Unruhe. Kriegsversehrte humpeln herbei, heischen einen Stift'schen Almosen, legen sich mit ihrem Gliedstumpf auf eine Gasse, lassen den Kopf hängen und warten im Schutz einer wärmenden Mauer auf den Abend. Der Komet hat ihnen ein paar Nächte lang geleuchtet, ihnen aber keinen Krumen für den Tag gebracht.

Ein besseres Leben auf Erden? Das gibt es nicht. Dies ist die Meinung der Hure Barbara Lüscher.

Ein schlechteres Leben? Das kann es nicht geben. Sie essen schon jetzt Abfälle und kauen Wurzeln.

Die eisigen Winter von 1600 sind in der Chronik vermerkt. Danach hat die Stadt Schlag um Schlag hinnehmen müssen. Die Bürger haben die Wehrtürme, Mauern und Letzinen mit Steinen beladen, um für einen Angriff der aufrührerischen Luzerner bereit zu sein. Nach dem Münzenwirrwar kam der

Bauernkrieg. Es gab Missernten. Der Pestzug von 1668 hat jeden vierten Stadtbewohner weggerafft. Inzwischen muss die Spende fürs einfache Volk auf viel mehr kleine Waisen, alte Gebrechliche und Schwerkranke verteilt werden. Die Taglöhner finden keine Arbeit, die Armen sind ausgemergelt, das Siechenhaus ist von Sterbenden überfüllt und das Spittel bietet den Alten kaum noch Platz. Um dem Almosen nicht zur Last zu fallen, müssen auswärtige Bräute 100 Gulden Weibervermögen in die Ehe bringen. Hochzeiten sind entsprechend rar. Abgebrannte Häuser bleiben Brandruinen. Falls ein Bürger aber doch eine Hofstatt errichten kann, sammelt sich in der Truhe rasch ein dickes Bündel von Gülten an. Die halbe Stadt schuldet dem Chorherrenstift Zins.

Im Wirtshaus hängen Betrunkene über die Tische. Die Dumpfheit wächst. Während alles andere schrumpft. Hafer, Dinkel, Eier legende Hennen, gesundes Obst, Wein, die Tannen in den Wäldern. Auch die Frömmigkeit schrumpft, der Antrieb, die Hoffnung und die Freude.

In der Nacht vom 18. Dezember taucht die Himmelserscheinung wieder auf.

Ein wahrhaft *schröcklicher Comet.* Leuchtender denn zuvor. Warnender. Gewaltiger. Mit langer Rute beschweift. Die bedrohliche Peitsche zeichnet den ganzen Himmel.

Susanna schickt ihren Jubel durch die Zinne. Ihre Mutter stützt den Kopf des Sterbenden und flösst Tee zwischen seine Lippen. Sie schaut auf. Ihr Blick drückt aus, was sie nicht sagt:

Warum jubelt das Kind, da die Welt untergeht?

Seinetwegen wünscht sich die Mutter das Ende nicht herbei. Um sich selbst aber macht sie sich keine Sorgen. Was soll sie fürchten? Die rasselnden Karossen der Franzosen? Das Reiterheer der Türken? Ach! Die Türken. Es waren die Berner, die ihren Urgrossvater auf die Galeere schickten, weil er vor dem Bildersturm im Jahr 1523 das Kreuz aus der Stiftskirche gerettet und zum Schloss Wikon in Sicherheit gebracht hatte. Dies knapp bevor die Altare geräumt, die Gold- und Silberschätze eingeschmolzen, Heiligenbilder und Statuen vernichtet worden sind. Es waren die Eigenen, die gottesfürchtigen Männer, die Reformatoren, die den Urgrossvater für eine Tat bestraften, die er als Christenpflicht gehalten hatte. Ihr Grossvater zählte damals fünf Jahre. Als der Galeerensträfling ertrank, bekam er einen Stiefvater. Dieser benötigte den Buben für die Waldarbeit. Es herrschte ein strenger Winter. Der Kleine weinte, weil ihm die Ohren abfroren. Der Stiefvater hieb sie ihm mit dem Säbel ab. *Jetzt tun sie dir nie mehr weh!*

Es war der eigene Stiefvater, der ihn verstümmelte. Ein frommer Altgläubiger.

So ist das Leben! Wie sollte Barbara den Tod fürchten?

Sie senkt den Kopf ihres Vaters auf die Pritsche und deckt seinen Körper mit Stroh gegen die klirrende Kälte. Dann bugsiert sie das verschmutzte Wäschebündel durchs enge Treppenhaus. Die *Chrottenwäsche* im Haushalt ist wegen Feuergefahr verboten. Um vier Uhr früh besteht Hoffnung, noch allein am Waschtrog zu sein. In der Frühe ist das Wasser am saubersten. Bald kommen Gerberhaare und Schlachtabfälle dazu. Die Brühe rieselt ans andere Ende der Stadt, wo der Stadtbach zur Wässerung und Düngung der Brühlmatten dient.

Aber am Morgen des Kometen waschen bereits Mägde am Trog. Sie verwehren Barbara den Platz. Keine will ihre Arme ins gleiche Wasser wie die Hure tauchen. Jede hat von ihrer Herrschaft einen Zuber voll wunderbarstem, in Bern gewobenem Linnen mitgebracht. Es darf nicht mit den verkotzten Lumpen eines Sterbenden geschwenkt werden. Diese Linnen sind der Stolz der Hausfrau. Sie haben Vorrang.

So ist das! Die einen haben Vorrang. Diese Ordnung ist gottgegeben.

Am 20. Dezember hat der Komet einen goldschimmernden Schweif in der Breite des Vollmonds. Der Prädikant nennt dies *Die Rute Gottes*.

Der kleine Samuel lehnt sich an Susannas Schürze, sein Maul steht offen vor Bewunderung. Mit einem Stock kratzt er den Himmelsausschnitt auf die Erde. Und Susanna kniet sich vor sein Bild. Es zeigt den Gupf mit dem Schloss Wikon und den Boowald mit seinen hohen Tannen. Darüber verteilen sich die Sterne. Mittendurch führt das breite Schweifband des Kometen.

Der Kleine ist ein guter Beobachter. Seine Zeichnung erinnert an eine Bildtafel von Diebold Schilling. Samuel könnte ein Chronist werden. Er lernt rasch. Vielleicht darf er die Lateinschule besuchen, obwohl sein Vater ein Gerber ist. Doch er ist immerhin ein Bub. Susanna kennt das Schulgebäude. Sie hat dort als Achtjährige mit ihrer Mutter Holzböden und Steinstufen geschrubbt. Sie merkte sich die Zeichen auf der Schiefertafel. Der Provisor und Bassgeigenspieler Mauriz Ringier hat ihr die Bedeutung erklärt. Bald konnte sie Wörter lesen.

«Manchmal braucht es ein wenig Glück im Leben, Samuel.»

Später durfte sie die Ratsstube putzen. Einmal war der Schultheiss noch im Amt. Er entzifferte ein Dokument. Offensichtlich machte ihm dieses Mühe. Susanna fuhr mit dem Putzlappen ums Dokument, warf einen Blick darauf und buchstabierte das Wort.

«Steht das da?»

Es stehe da.

Der Schultheiss liess sie ihren Namen aufschreiben. Auch dies gelang. Dabei war sie doch nur eine armselige Waise und hatte nie eine Schule besucht. Anders als sein Sohn Konrad, der noch heute nicht lesen kann und lieber Trompete spielt, als in der Ratsstube dem Vater zu helfen. Weil Susanna schönere Buchstaben aufs Pergament malt, als der erblindende Stadtschreiber, wird sie zum Abfassen eines wichtigen Dokuments geholt. Sie ist sich bewusst, dass dies eine unerhörte Ehre bedeutet. Ziegenhäute sind teuer. Unleserliche Buchstaben müssen mit dem Schabmesser weggekratzt werden. Aber sie arbeitet mit Sorgfalt. Der Blinde signiert. *Gezeichnet: Der Stadtschreiber*

«Das ist Glück, Samuel! Mehr als einer Armseligen zusteht.»

Nach dem Schrubben der Tannenriemen beginnt Susanna mit dem Verfertigen der Amtsdokumente. Ihr rotes Haar ist mit einem Schuhnestel in den dünnen Nacken gebunden, sie schnurpft das Mündchen und kalligrafiert so schön wie der Amtsschreiber in seinen besten Jahren. So exakt wie die Druckereimaschine von Beromünster. So fehlerfrei wie die hohen Herren in Bern. Sie hat ein Talent für das Zeichnen von Ornamenten und fügt ihren Erstbuchstaben Ranken, Knospen und Blüten bei.

Die Rothaarige ist anstellig. Ein kluges Mädchen. Sie geht mit erhobenem Kopf durch die breiten Gassen der Stadt.

«Was kommt als nächstes?», fragt Mutter Barbara. «Lange Schuhe, breiter Kragen, Samt und Seide, goldene Kette?»

Ist ihr Kind glücklich? Solche Fragen stellt sie sich nie. Es geziemt sich nicht, dass die Tochter einer Hure glücklich ist. Es gibt Grenzen. Es gibt den Gott der Gerechtigkeit.

Susanna versteht die Sorge der Mutter. Diese hat sich immer ducken müssen. Für jede Brotrinde wurde ihr eine Verpflichtung auferlegt. Hier eine Haube nähen. Dort in einem Keller Ratten totschlagen. Im Wald bei Vollmond diese Blüte oder jene Wurzel sammeln. Heimlich eine Kräuterfrau im Luzernischen aufsuchen. Ein Gebräu gegen unliebsame Schwangerschaft durchs Stadttor hereinschmuggeln.

Die Mutter beschwert sich nie. Sie tut, was man ihr befiehlt. Sie kennt nichts anderes. Zieht sich zurück, wenn man es von ihr verlangt. Schweigt. Senkt vor dem Chorgericht den Kopf, weil die Herren mit den hohen Hüten sie beschuldigen, für eine Amme Kleider aus neuem Stoff genäht zu haben. Sie nickt zum Urteil. Ja, sie wird sich aufs Bletzen von Altem und Abgenutztem beschränken. Sie wird das Chorgericht niemals wieder beschäftigen. Ja, sie hat vor neunzehn Jahren den Jakob Matter beschuldigt, ihr die Ehe versprochen zu haben. Sie war jung, war dumm, ein gefallenes Mädchen. Matter entschuldigte sich, da er Umgang mit der Tochter von einem Biedermann gehabt habe. Verleugnete aber die Eheanprache. Zeuge war der Wirt zum Ochsen. Matters Strafe hat 4 Pfennige betragen. Barbara Lüscher galt hernach als eine Ehrlose.

Man nahm ihr das Kind weg. Die Mutter rannte in den Wald. Sie krallte sich drei Tage in den Moosboden. Danach ist sie in die Stadt zurückgekehrt, um das Kind mit dem rotgoldenen Flaumschopf zu suchen.

Barbara, die Hure, ist eine hartnäckige Frau. Sie ruhte nicht, bis sie wusste, wohin die Waise verkostgeldet worden war. Weil im Schaft von ihrem Urgrossvater noch ein Altartuch lag, fertigte sie daraus eine Haube für die Amme. Sie wollte sich damit ein paar Stunden mit ihrem Kind erkaufen. Es anschauen, wärmen, seinen Schlaf bewachen, sein Lächeln bewundern, das kleine Bündel wiegen und trösten, wenn es weinte.

Ihr Plan ging auf. Die Amme war eine eitle Person. Sie hatte viele Wünsche. Stellte endlos Ansprüche.

Jedes Stück Stoff, das Barbara bei ihren Verwandten erbettelte, verwandelte sie in eine hübsche Kleinigkeit für die Amme. Jede Armlänge Faden bedeutete eine Spanne Zeit mit ihrem Kind. Sie nähte all ihre Liebe ins Gewebe. All ihre Hoffnung, dass Susannas Leben erfüllt wäre von Freude, Zutrauen und Wärme. Stich um Stich brachte sie einander näher.

Keine Stunde des Tags ist für eine Hure zur Zeit des Grossen Komets leicht, angenehm und sorglos. Sie ist von der Gnade mildtätiger Leute abhängig. Verdammt zu erbärmlicher Fügsamkeit. Und auch ihr Kind hat es schwer. Seine Abstammung verdankt es einem Fehltritt. Es kann nie genug büssen. Nie genug um Gnade betteln. Seit es aufrecht gehen und die Hände benutzen kann, entsteint es Früchte, liest Hülsen von den Bohnen, entkernt Nüsse, bindet Strohbüschel. Auf den kalten Kellerböden verwachsen seine Füsse mit den Eisblumen. Ein Holzschuhpaar besitzt Susanna nie. Sie muss froh sein, dass sie kratzende, wollbraune Flickkleider tragen und neben der Mutter putzend das Kostgeld abarbeiten darf.

Aber die Rothaarige kommt durch.

In Brittnau liegen die Pesttoten eine Woche herum. Von zehn Kindern erlebt oft nur eines das Erwachsenenalter. Doch die Kleine gedeiht mit Gottes Hilfe. Susanna ist kräftig und weicht den Flegeln geschickt aus. Als Prädikant Hürsch die jungen Töchter einlädt, sich im Singen unterweisen zu lassen, da meldet sich die Waise. Ja, sie habe Lust und Liebe dazu.

Susanne ist eine Frohnatur. Vor allem hat sie eine reine und weittragende Stimme.

Die Stiftskirche Sankt Mauritius füllt sich seit Jahren nur mit alten Weibern. Die Jungen laufen ins Luzernische, wo Tanz-, Kirchweih- und Schützenfeste sie zu leichtfertigem Prassen, Spielen und allerhand Unfug verführen. Bern weist den Prädikanten an, nie mehr länger als eine Stunde zu predigen. Er soll die störrischen Bürger von Zofingen nicht noch mehr vergraulen, sondern in die Kirche holen. Er soll in diesen unsicheren Zeiten die wahre Lehre klären und vertiefen.

Also lässt der Prädikant jetzt die Psalmen von Posaunisten und Zinkenisten begleiten. Das Verlockendste am Kirchgang aber, das muss der Chor der Jüngferchen sein. Der Brummton von Mauriz Ringiers Bassgeige wird ihre Engelsstimmen noch untermalen.

Der Prädikant verkündet einen Buss- und Bettag.

Die Stiftskirche ist gut besetzt. Vor allem sind die Jungen gekommen. Konrad gehört zu ihnen. Susanna drückt sich nicht in die Kirchbank wie eine Armselige. Sie platscht mit den nackten Füssen durch den Mittelgang zum Platz der Weiber. Dies erregt Aufmerksamkeit. Es ist das erste Mal, dass die Stimme einer Waise das zweijochige Sterngewölbe erfüllt. Mutter Barbara wischt sich die nassen Spuren von der Wange.

An diesem Tag will jeder in allem ein Zeichen und eine Wende erkennen.

Die Bürger stehen nach der Predigt zusammen. Es ist die Rede vom Kometen. An ein Zeichen der Hoffnung glauben nur wenige. Schultheiss Samuel Schumacher will sich erinnern, dass protestantische Autoritäten für dieses Jahr den unausweichlichen Termin für den Weltuntergang berechnet haben. Ihm scheine, dieser *schröckliche Comet* gebe den Autoritäten recht.

Die traurige *Enderung* sei schon eingetroffen, meint der Stiftsschaffner Abraham Dick. Früher haben keine Waisen in der Stiftskirche gesungen. Sie haben den Kopf gesenkt und sich hinten in die dunkelste Ecke der Kirche gedrückt. Solcher Unfug sei wahrhaftig ein Zeichen des Untergangs.

Die Gerber, Schneider und Metzger sind zum erstenmal einer Meinung mit ihren Weibern. Sie wollen die Schützenfeste im Luzernischen meiden. Sie tanzen nicht mehr auf Hochzeiten. Sie wollen Busse tun.

Das letzte Gericht kommt, so steht es geschrieben. Das Gewogen-und-zu-leicht-befunden-Werden. Der Sturz der Ungnade wird ohne Halt sein.

«Grosser Gott! Mea culpa!»

Da und dort schaufelt ein Hausvater nach Hürschs Predigt mit beiden Händen durch seine Truhe. Und verteilt.

Fürs arme Bettelpack, hier ein Zinken Brot! Hier ein wollener Wickel für die Füsse! Da drei Holzscheiter, zwei Eier, eine Tasse Mehl! Und vor dem letzten Gericht, vergiss nicht, dass ich es war, der dir die Eier für deine Kinder gab!

Auf dem Totenbett faltet Barbara die Hände ihres Vaters. Die letzte Stunde schlägt. Sie kommt für uns alle. «Was haben wir zu verlieren, Vater? Wir, der Dreck? Ein Jammertal, Schmerzen, Kummer, Hunger.»

Der Sterbende seufzt. «Wir gewinnen das Himmelreich.»

«Vielleicht ja, Vater! Vielleicht nein.»

«Bete für mich!»

«Ich denke an dich, jeden Tag meines Lebens.»

Noch vor dem Abend bricht in der Stadt zwischen Messpfaffen und Wirtshausgästen ein Streit aus. Die Meinungen über den Kometen prallen aufeinander. Er drehe sich, meint einer, in einer langgestreckten Ellipse um die Sonne. Er mache eine sehr lange Reise durch den unendlichen Weltraum und kehre in tausenden von Jahren zurück.

Wer behauptet solches?

Ein Jesuit. Es gebe Berechnungen.

Dieser Teufel gehört auf den Scheiterhaufen.

Der Jesuit habe sogar die Laufbahn errechnet.

Seit wann steht die Vernunft vor dem Glauben?

Seit es den Kometen gibt. Womöglich ist ja dies die Änderung. Er bringt uns das Licht des Wissens und die Überzeugung der Vernunft. Vielleicht ist dies das Geschenk des Kometen?

Gilt jetzt das Wort eines Gelehrten mehr, als das Wort Gottes? Jeder weiss, dass es ein Oben und ein Unten gibt. Den Himmel und die Hölle.

Man ist aufgewühlt. Was gestern noch gegolten hat, kommt heute ins Wanken.

Mit Ungeduld erwarten die Bürger in der Stadt und die Bettler ausserhalb der Mauern die Nacht. Der Komet bläht sich auf. Sein Schweif erstreckt sich über das halbe Firmament. Die Wirkung ist lähmend. Kommt das Ende? Kommt es nicht? Pläne rücken in den Hintergrund. Wozu jetzt mit einem Jud um ein paar Münzen handeln? Wozu ein hölzernes Schalwerk am Ausguss der Grabenmauer anbringen? Wozu das abgemagerte Schwein ins Acherum treiben?

Ist von Bedeutung, ob einer etwas besitzt? Oder ob er nichts besitzt?

Jetzt zählen die Werke. Die Tugenden. Dass einer ein weites Herz und offene Arme hat.

Der kleine Samuel beherrscht bald die meisten Buchstaben des Alphabets. In jeder Kometennacht hat Susanna ihm zwei neue Lettern beigebracht. Er wird einmal berichten, wie er in diesen hellen Nächten des Grossen Kometen zum Chronisten geworden ist. Er erzählt von der Furcht, von der Arbeit, vom Kummer, von der Freude. Dass ein Mensch immer auch ein wenig Glück haben muss. Das Aufschreiben ist das Vorrecht der Lebenden, lehrt Susanne den fleissigen Samuel.

Lang nach Mitternacht versinkt der leuchtende Sternkopf im Boowald zwischen den Tannen. Diese werden in den Schiffswerften von Genua als die aufrechtesten, höchsten und begehrenswertesten erachtet.

Der Schweif ist noch sichtbar, als der Trompeter Konrad seinen Platz auf dem Wehrturm verlässt. Der Schultheiss, sein Vater, erwartet ihn in der Ratsstube. Er glaubt an die Veränderung. Glaubt auch an Gewalt und Macht. Und dass ein starker Mann sich jeder Schwierigkeit entgegenstellen muss. Seit zwei Jahren ist er im Amt. Er gedenkt, die Geschicke der Stadt so lange zu leiten, wie es möglich ist. Schon gestern war es nicht leicht, die Ernte vor dem Zugriff der bernischen Stiftsschaffner zu schützen. Im Norden sitzt der begehrliche Aarburger Landvogt und im Osten lauert der Vogt von Wikon mit seinen aufrührerischen Luzernern. Es braucht Härte und Geschick, um die Stadtrechte gegenüber Bern zu wahren. Dazu kommt nun noch die Unsicherheit durch den Kometen. Da ist es umso schwerer. Sein Sohn Konrad soll ihm eine Hilfe sein.

Da die Schule bei ihm nichts fruchtete, will der Vater, dass der blinde Stadtschreiber seinem Sohn ein wenig Kalligrafie beibringt. Dies kann ja keine Kunst sein, da sogar die Putzfrau die Zeichen auf Geissenhaut zu pinseln versteht.

Um das kostbare Pergament zu schonen, übt Konrad mit Kreide auf einer Schiefertafel. Sie malen zusammen ein *k,* ein o und schliessen das Wort mit einem *d. Konrad.*

«Was bedeutet das Wort?», fragt der Stadtschreiber.

Der Trompeter wiegt den Kopf von einer zur andern Seite, würgt und starrt auf diese Hölle unbegreiflicher Zeichen. Am anderen Ende des Tischs kratzt Susannas Federkiel. Das Mädchen senkt den Kopf, damit Konrad den Spott in seinen Augen nicht bemerkt.

«Es ist hoffnungslos», findet nach drei Stunden der Stadtschreiber.

«Morgen macht ihr weiter!», befiehlt der Schultheiss. «Trompeten kann jeder Trottel, da lernt er auch schreiben!»

Konrad geht mit einer Peitsche in den Wald. Er versteht, diese so geschickt zu schwingen, dass ihre Spitze sich um ein Scheit ringelt und es von der Holzbeige reisst. Als er die obersten Scheiter zu Boden geworfen hat, sucht er den Gemüsegarten seiner Mutter auf. Er holt den Kohl aus dem Beet. Dann peitscht er sich durch die Reihe der Lauchstängel. Als der Gemüsegarten brach liegt, nimmt er sich den Herzausschnitt der Bschüttlochtür des Aborthäuschens von der Amtsstube vor. Er trifft ihn vom Vordach aus im Liegen. Die Spitze kracht mitten durchs Herz und die Kalligrafistin seines Vaters stolpert mit heruntergelassener Hose in die Amtsstube zurück.

Am nächsten Tag wird die Lektion fortgesetzt. Der Stadtschreiber führt Konrads Hand. Dann nimmt er die Kreide in zwei Fingern und wartet, dass der Bursche das Geschriebene entziffert. Wie immer kratzt der Federkiel am anderen Ende des Tischs und Susanna senkt den Kopf. Mit versteinerter Miene zieht Konrad seine Geissel unter dem Hosenboden vor. Im Sitzen peitscht er dem Stadtschreiber das Kreidestück aus der Hand, lässt die Kordel einige Male über dem Kopf der kalligrafierenden Putzfrau schwingen. Und mit einem einzigen scharfen Hieb reisst er ihr Brustwams auseinander. Ein kleiner Zwick aus dem Handgelenk genügt, damit die neunzehnjährige Putzfrau Susanna mit nackten Brüsten in der Schultheissenstube der Stadt Zofingen sitzt. Einem überraschten Blinden und den Blicken von Konrad ausgesetzt.

Danach gibt es keine Wortübungen mehr.

Konrad kehrt mit der Trompete auf die Zinne zurück und lehnt in der Mauernische. Erfüllt von seinem Sieg.

Das Sternentuch ist vom Schweif des Kometen zerrissen. Wie das Wams der Jungfer. Susannas Haut ist heller als der Schweif.

Der kleine Samuel kann jetzt ganze Sätze schreiben.

Es ist die Nacht des Cometen. Sein Schweif leuchtet am Himmel. Susanna war auf dem Friedhof. Sie weint ein bisschen. In der Früh pflanzt sie dort eine Blumenknolle. Ich werde dann schlafen.

Samuel fehlt der Buchstabe G, um die Worte *Grab* und *Grossvater* zu schreiben. Dies ist ein besonders schwieriger, aber auch ein besonders eleganter Buchstabe. Er bietet viel Platz für ein reiches Ornament. Morgen will Susanna ihm dieses Zeichen beibringen. Sie legen ihre Pergamentstücke in einen Holzkasten. Diesen vergraben sie in einem Loch unter der Ringmauer, ehe Susanna den Kleinen zu Bett bringt. Für den Fall, dass die Welt nicht mit Mann und Maus untergeht.

Könne ja sein, meint Susanna, dass Samuel am Leben bleibe. Dann wird er das Kästchen später ausgraben und die Chronik weiterführen.

Im schlimmsten Fall bricht eine Feuersbrunst aus. Und von uns bleibt nicht einmal ein Fussabdruck im Lehm zurück. Es ist, als wären wir nie gewesen. Unsere Zeit ist einfach ausgelöscht. Aber irgendwann und irgendwo erwacht wieder Leben. Dann könnte sein, dass an einem Frühlingstag ein kleiner Bub wie Samuel in den Ruinen stochert und das Kästchen entdeckt. Er öffnet es und liest und erfährt, was der Komet für Samuel Zimmerlin und Susanna Lüscher einmal bedeutet hat. Wie sie in den hellen Nächten das Schreiben übten. Wie sie lachten und weinten. Und glaubten, der Mensch müsse ein wenig Glück haben im Leben.»

In den ersten Tagen des neuen Jahrs verblasst der Komet.

Konrad wacht auf dem Turm. Er hat keine Freunde. Niemand wartet auf ihn. Er ist dort allein. Den Geräuschen des Walds ausgesetzt. Den unsichtbaren Bewegungen. Der Gefahr. Im Dickicht liegen diejenigen auf der Lauer, die ihm an die Gurgel wollen.

Er weiss, dass etwas geschieht. Dass etwas geschehen muss. Alle sprechen davon. Er ist der Wächter und wird als Erster die Gefahr entdecken. Er muss sie einschätzen. Kann zuwarten. Oder sofort in seine Trompete blasen. Niemand befiehlt, was er zu tun hat. Er trifft die Entscheidung für die Stadt. Er kann sie retten. Oder überrennen lassen. Die letzte Stunde der Bürger liegt in seiner Hand. Er ist der Herrscher der Nacht. Auf dem Turm ist er mächtiger als sein Vater.

Seine Gedanken fliehen in alle Richtungen.

Sammeln sich am Weiher mit dem Bassgeiger, den Zinkisten, den Posaunisten, den Hafnergesellen. Die spielen dort die wildeste Musik. Treiben die mondbleiche Jungfer aus der

Tiefe, schleppen die schöne Susanna zum Feuer. Konrads Peitsche fährt unter ihre Füsse. Sie muss tanzen, singen und nackt übers Feuer springen.

Dann. Erst dann kommt das Ende.

Am 7. Januar erlischt der Komet. Die Nacht bleibt undurchdringlich. Die übermüdeten, verzweifelten, verstörten Einwohner verschlafen die Tagwache. Konrads Trompete hat sie nicht geweckt. Der Knecht kann ihn nirgends finden.

In der Amtsstube kratzt an diesem Morgen der Kiel des blinden Stadtschreibers seine zittrige, unleserliche Buchstabenschrift. Sie versaut das teure Pergament.

Wo bleibt die Putzfrau? Seit gestern ist sie nicht zum Schrubben und Kalligrafieren erschienen.

Der Schultheiss lässt nach der Hure schicken. Der Knecht findet diese auf dem Friedhof. Sie kauert am Grab ihres Vaters. Er ist gestorben. Barbara und Susanna haben ihn gemeinsam vom Dachstock ins Erdgeschoss getragen und mit dem Handkarren zum Friedhof gefahren. Sie haben mühsam ein Grab in den frostigen Boden geschaufelt. Jeden Morgen ist Susanna um vier Uhr in der Frühe zum Grab gegangen, um zu trauern. Gestern ist sie mit einer Blumenknolle zum Friedhof gegangen. Aber nicht zurückgekehrt.

Der Knecht berichtet, die Hure sei von Grab zu Grab gegangen und habe den Namen von Susanna geschrien. Am Weiher habe sie ein rotes Haarbüschel an einem Zweig gefunden. Daneben eine erloschene Feuerstelle. Es gebe dort die Spuren vieler Füsse. Als hätte ein wilder Tanz stattgefunden.

Seither taumle die Hure wie eine Betrunkene durchs Riedgras am Weiher. Sie rufe ins Wasser. Sie glaube, Susanna kehre zurück, um am Sonntag die Psalmen zu singen und dem kleinen Samuel Zimmerlin den letzten Buchstaben beizubringen.

G für *Glück, Gloria, Gesang* und *Grosser Komet.*

LITERATUR

Edith Hunziker u. a., Zofingen vom Mittelalter bis 1798. Eine selbstbewusste Landstadt unter Habsburg und Bern. Veröffentlichungen zur Zofinger Geschichte (VZG). Bd. 4, Baden 2004.

Götz Warnke, Konflikte, Krisen, Katastrophe: Der gesellschaftliche Umgang mit schicksalhaften Grossereignissen. Vortrag, gehalten auf der Jahresversammlung der Gesundheits- und Pflegekonferenz Hamburg-Eimsbüttel am 16. September 2009.

Jörg Meier

Die Güllenprozession

Emil Keller war Bauer und reformiert. Und in jungen Jahren ein ziemlicher Hitzkopf. Sagte jedenfalls meine Grossmutter. Die musste es wissen, denn sie hatte den Emil Keller ja geheiratet und ein halbes Jahrhundert gemeinsam mit ihm verbracht. Wenn ich an meinen Grossvater denke, sehe ich hingegen einen grossen, äusserst ruhigen und liebenswürdigen Mann vor mir. Ich erinnere mich, wie ich als kleiner Bub frühmorgens mit ihm auf dem roten Hürlimann-Traktor sitzen durfte, wenn er mit dem kalten Rössli-Stumpen im Gesicht zum Mähen fuhr und ringsum die ganze Welt nach frischem Gras roch.

Anna Huber war die Tochter des Bären-Wirts, hatte Schneiderin gelernt und war katholisch. An den Abenden und manchmal an den Wochenenden half sie in der Gaststube aus. Bären-Wirt Jakob Huber sah mit leichter Sorge, dass die fröhliche Anna für die Burschen im Dorf das beste Argument für einen Besuch im Bären war. Am Dienstag kamen die Musikanten, am Mittwoch die Turner; der Männerchor und die Feuerwehr folgten am Donnerstag. Einzig der gemischte Chor wechselte zwischen Bären, Ochsen und Rössli.

Bären-Wirt Huber war Mitglied der katholischen Kirchenpflege und zuständig für die Organisation der Fronleichnamsprozession. Er leitete zudem die Baukommission für die neue katholische Kirche, die mitten im Dorf entstehen sollte. Das Grundstück hatte Huber gehört, er hatte es aber der Kirchgemeinde zu einem christlichen Preis überlassen. Die noble Geste brachte es mit sich, dass auf Jahre hinaus praktisch sämtliche Tauf-, Kommunions- und Firmessen im «Bären» gefeiert wurden. Und auch die meisten Abdankungen endeten im Bärensäli.

Im Dorf waren die Reformierten in der Minderheit. Sie hatten keine Kirche und ganz allgemein einen schweren Stand. Im Gemeinderat sass ein einziger Reformierter, ebenso in der Schulpflege, die vom katholischen Pfarrer präsidiert wurde, der darauf erpicht war, dass nur katholische Lehrer ins Dorf kamen. Die Bäckerei Schwalm und die Metzgerei Grossenbacher waren reformierte Läden und hatten deshalb kaum katholische Kundschaft; die Reformierten revanchierten sich, hielten dafür den Familien Schwalm und Grossenbacher konsequent die Treue und posteten nur im Notfall katholische Würste oder katholisches Brot. Der Kleiderladen gehörte Tuchhändler Liebermann. Der war Jude; Katholiken und Reformierte kauften bei ihm ohne Scheu schöne Kleider für Konfirmation und Kommunion und schwarze für Beerdigungen.

Emil Keller war ein gläubiger Mensch, scherte sich aber wenig um die Religionen an sich. Die Probleme begannen, als er sich in Anna Huber, die fröhliche Wirtstochter, verliebte. Denn die war katholisch.

Mein Grossvater war keiner, der häufig in die Beiz ging. Einzig mit den Turnkameraden gönnte er sich am Mittwochabend jeweils eine oder zwei Stangen im «Bären». Er kannte Anna seit der Kindheit, wie man sich halt so in einem Dorf kennt; aber Anna war jetzt stets umschwärmt. Emil hielt sie für unerreichbar.

Genau das habe ihr am stillen Emil gefallen, erzählte die Grossmutter viele Jahre später, als er es nicht mehr hören konnte. Emil habe sich nicht plump um sie bemüht, es gab keine Sprüche, keine Anzüglichkeiten – er habe sie einfach angestrahlt. Am Abend des Jugendfests – als das Fest längst zum Fest der Erwachsenen geworden war, holte sie ihn zum Tanz. Emil erschrak, nahm dann aber seinen Mut zusammen, folgte Anna auf die Bühne und tat, was er bisher noch nie getan hatte: Er tanzte. Alles andere habe sich dann von selbst ergeben. «Wir spürten, dass es passt. Da braucht es gar nicht viele Worte.»

Nur mit dem Heiraten wollte sich Emil noch etwas Zeit lassen. Bären-Wirt Huber hatte sich seinen Schwiegersohn anders vorgestellt; ein reformierter Bauer passte schlecht ins künftige Leben, das er sich für seine Tochter ausgedacht hatte. Aber er sah rasch ein, dass Anna sich entschieden hatte und ihr auch der Begriff «Mischehe» keinerlei Sorgen bereitete. Insgeheim aber war er froh, dass der reformierte Bauer mit dem Heiraten der katholischen Anna keinerlei Eile hatte. Vielleicht war ja doch noch nicht alles verloren.

Im katholisch dominierten Dorf war die Fronleichnamsprozession ein zentrales Ereignis im Jahresablauf. Sie war ein straff durchorganisiertes Ritual unter Beteiligung der gesamten katholischen Bevölkerung. Sie führte seit Jahrhunderten auf der genau gleichen Route durch das Dorf, vorbei an den vier an markanten Orten eigens aufgebauten Altären: vor dem Pfarrhaus, vor dem Gemeindehaus, vor dem Spritzenhaus und vor dem Bauernhaus der reformierten Familie Keller. Für den Aufbau war der katholische Jünglingsverein zuständig, das Schmücken der Altäre mit frischen Wiesenblumen gehörte zu den Aufgaben der weiblichen Jugend.

Der Prozession voran gingen Kreuz und Fahne. Dahinter marschierte der konfessionell neutrale Musikverein, es folgten die Kinder in akkurater Zweierkolonne, dann Jungmannschaft, Kolpingverein, Marienverein und Kirchenchor. Hinter den Erstkommunikanten schritt die Kirchenpflege, die den Baldachin trug, unter welchem Hochwürden Herr Pfarrer mit der Monstranz ging und sie mit dem Allerheiligsten nach allen Seiten präsentierte. Zwölf alte Männer schlossen den reglementierten Teil des Prozessionszugs, dahinter folgte der Rest des Dorfs. Meistens hatte der respektable Umzug durchs Dorf kaum Zuschauer. Denn die Reformierten interessierten sich nicht für den katholischen Umzug oder wandten sich gar demonstrativ ab. Und wer katholisch war und einigermassen gehen konnte, war Teil der Prozession. Doch auch ohne Publikum am Strassenrand wirkte die Demonstration: Die Fronleichnamsprozession zeigte Jahr für Jahr, wer im Dorf das Sagen hatte. Bären-Wirt und Kirchenpfleger Jakob Huber führte das Kommando; seine grosse Erfahrung als Feldweibel einer Radfahrerkompanie erwies sich dabei als nützlich.

Drei Tage vor der Fronleichnamsprozession erhielt mein Grossvater Post von der Kirchenpflege. Man teilte ihm in knappen Worten mit, dass das zur Verpachtung ausgeschriebene Stück Wiesland in der Allmend an einen Bauern im Nachbardorf vergeben worden sei. Emil hatte gewusst, dass die Kirchenpfleger katholische Bauern bei der Vergabe bevorteilen würden. Aber er war trotzdem enttäuscht und wütend, dass sie ihn übergangen hatten; nicht, weil er der schlechtere Bauer war oder ein tieferes Angebot gemacht hätte. Er wurde übergangen, weil er reformiert war.

Am Mittwochabend vor Fronleichnam sass er nach dem Turnen mit seinen Kameraden vom Eidgenössischen Turnverein in der Gartenwirtschaft des Bären beim Bier. Am Nebentisch besprachen Mitglieder von Kolpingverein, Jungmannschaft und Marienverein die letzten Details der Prozession vom nächsten Morgen. Wirt Jakob Huber kam dazu, gab allerlei Anweisungen, die aufmerksam aufgenommen wurden. Dann sah Huber den bei den Turnern sitzenden Emil. Er rief ihn zu sich. Emil zögerte, erhob sich und kam an den Prozessionstisch.

«Gut, dass ich dich sehe», sagte Huber. «Es gibt diesmal eine kleine Änderung bei der Prozession. Der Altar kommt dieses Jahr nicht direkt vor euer Haus zu stehen.»

«Wo steht er dann?», fragte Emil. Er wusste, dass Jakob Huber wenig Freude an der Liaison seiner Tochter mit ihm, dem reformierten Bauern hatte. Es war ihm auch klar, dass Kirchenpfleger Huber zugestimmt hatte, die Pacht der Wiese auf der Allmend nicht ihm, sondern dem auswärtigen Katholiken zuzusprechen.

«Der Altar wird in der Einfahrt zu eurem Hof platziert. Wir brauchen mehr Platz, weil der Musikverein vor dem Altar spielen will und die Leute stehen bleiben», erklärte Huber.

«Ihr stellt den Altar in meine Einfahrt?», fragte Emil.

«Genau», sagte Huber, «du kannst dann halt für ein paar Stunden nicht mit den Fahrzeugen aufs Feld, es geht nicht anders. Aber das ist ja nicht schlimm. Morgen ist Feiertag – dann kannst du auch einmal etwas Pause machen und die Prozession geniessen.»

«Morgen ist Heuwetter. Ich muss morgen heuen», sagte Emil so ruhig, wie es ihm möglich war.

«Du kannst heuen, so lange du willst. Aber erst nach der Prozession, wenn der Altar wieder abgebaut ist», erwiderte Huber ungerührt. «Wir können nicht die ganze Prozession umorgeln, nur damit du früher fertig bist. Der Herrgott hat Vorrang vor reformiertem Heu.»

Ringsum lachten alle, die am Prozessionstisch sassen.

«Dafür kriegst du den grössten und schönsten Altar, geschmückt mit frisch gepflückten und wohlriechenden Wiesenblumen. Deine Anna hilft übrigens morgen schon ab sechs Uhr beim Schmücken mit. Der Altar wird dir sicher gefallen», sagte Frau Huwiler von der gleichnamigen Gärtnerei. Irma Huwiler kümmerte sich seit vielen Jahren um den Blumenschmuck an der Prozession. Sie tat das gründlich, mit grossem Einsatz und für Gottes Lohn. Und weil

Gärtner Louis Huwiler auf das Mandat der Kirchenpflege als offizieller Friedhofsgärtner angewiesen war.

Emil sagte nichts mehr, ging grusslos, liess sein Bier stehen. Wer ihn kannte, konnte sehen, wie es in ihm kochte.

Als am andern Morgen kurz nach Sonnenaufgang die Altarbauer und Blumenschmückerinnen sich an die Arbeit machen wollten, stank es überall nach Gülle. Rasch war klar, woher der Gestank kam: In der Mitte der ungeteerten, staubtrockenen Strasse zog sich eine schmale Güllenspur durchs ganze Dorf, exakt auf der Route der Prozession, von Altar zu Altar.

So kam es, dass die Prozession der Güllenspur folgen musste. Wer konnte und sich getraute, betete einhändig und hielt sich mit der andern Hand das Taschentuch vor die Nase. Besonders unangenehm war der Gestank vor dem prächtig geschmückten Altar, der die Einfahrt zum Keller-Hof versperrte. Der Musikverein verzichtete deshalb auf den vorgesehenen Halt mit Choral; auch der Pfarrer hielt sich kurz. Die Prozession zog rasch weiter, die Güllenspur wies zuverlässig den Weg. Man bemühte sich, möglichst am Strassenrand zu gehen, um nicht auf die stinkende Spur in der Strassenmitte treten zu müssen. Die Ministranten schwenkten eifrig die Weihrauchfässer; doch das half wenig. Der Weihrauch hatte den aussichtlosen Kampf gegen die Gülle verloren. Immerhin schritten die tapferen Baldachinträger, die keine Hand frei hatten, ohne eine Miene zu verziehen durch das Dorf und hielten den Baldachin jederzeit hoch.

Allgemein war man sich danach einig, dass dies wohl die schnellste Fronleichnamsprozession seit Menschengedenken gewesen sei. Auch nach der Prozession hielt sich der Gestank hartnäckig und verschwand erst, als die heftigen Regenfälle am Wochenende die Gülle aus der Strasse spülten.

Die Katholiken waren empört. Man vermutete reformierte Sabotage; schnell richtete sich der Verdacht gegen den Keller Emil. Erst recht, als die Witwe Brunner behauptete, sie habe gegen drei Uhr morgens aus dem Fenster auf die Dorfstrasse geschaut und ein Gefährt gesehen, dass durchaus ein Güllenwagen hätte sein können; nein, wer den Wagen gelenkt habe, habe sie nicht erkennen können; aber sie habe deutlich ein Glühen im dunklen Gesicht der Person auf dem Bock gesehen und das, was da geglüht habe, sei bestimmt ein Stumpen gewesen.

Aber es gab keine Beweise. Die Kirchenpflege verzichtete auf eine Untersuchung. Wahrscheinlich geschah dies auf Anraten des Pfarrers, der zu Besonnenheit mahnte. Man wollte kein Aufsehen. Die Katholiken taten, als ob nichts passiert wäre und gingen zur Tagesordnung über. Denn noch schlimmer als die vergüllte Prozession war der Spott der Reformierten. Auch Bärenwirt Jakob Huber beruhigte sich rasch. Und insgeheim fand er die Aktion originell, auch wenn er das erst viele Jahre später zugeben konnte.

Einzig Anna konnte die Schmach nicht einfach auf sich sitzen lassen. Sie musste wissen, ob es stimmte, was man sich im Dorf erzählte: dass ihr Emil der Übeltäter war, der die Prozession sabotiert hatte. Sie stellte ihn zur Rede.

Es ist nicht bekannt, wie das Gespräch damals verlaufen ist. Ob Emil die Güllenfahrt zugegeben hat oder nicht. Anna und Emil vereinbarten Stillschweigen. Daran hielten sie sich bis an ihr Lebensende.

Im andern Jahr verlief die Prozession ungestört, Emil und Anna heirateten bald und die drei Kinder wurden alle katholisch getauft.

Familienintern wurde vermutet, Anna habe sowohl die Heirat als auch die katholische Erziehung der Kinder als Zeichen der Reue und Wiedergutmachung von Emil verlangt.

Auch politisch hatte die Sache ein Nachspiel: An der Wintergmeind wurde gefordert, die wichtigsten Dorfstrassen sollten nun endlich geteert werden.

Diese Geschichte und die darin vorkommenden Personen sind frei erfunden. Als Inspiration diente eine wahre Begebenheit, die der Autor dem Historiker Patrick Zehnder verdankt. Er beschreibt sie in seiner aufschlussreichen lokalhistorischen Recherche «Jauchefass gegen Weihrauchfass. Physische und symbolische Raumeinnahme im paritätischen Birmenstorf (AG) 1900–1950», erschienen 2015 in der Schweizerischen Zeitschrift für Religions- und Kulturgeschichte.

Autorinnen und Autoren

SIBYLLE CIARLONI, geboren 1969, aufgewachsen in Lenzburg, lebt und arbeitet in Baden und San Costanzo (I). Sibylle Ciarloni ist Autorin von Sprechtexten und Erzählungen. Als Stipendiatin des Aargauer Kuratoriums war sie einen Winter lang in Berlin. In ihrem Beitrag für dieses Buch hat sie die Ablassversprechen der damaligen Päpste zum Thema gemacht und sich in einen Händler versetzt.

MARTIN R. DEAN, geboren 1955 in Menziken (AG), wo er auch aufwuchs und die Primarschule besuchte. Nach der Matura machte er mehrere Auslandsreisen und längere Aufenthalte in Südfrankreich und Paris. Das Studium an der Universität Basel schloss er 1986 mit dem Titel des «Licentiatus Philosophorum» in den Fächern Germanistik, Philosophie und Ethnologie ab. Von 2009 bis 2016 war er am Schweizerischen Literaturinstitut in Biel (HKB Bern) tätig. Martin R. Dean arbeitet heute als Schriftsteller, Journalist und Essayist in Basel. Er ist Gymnasiallehrer am Gymnasium Muttenz (BL) mit einem Teilzeitpensum und gibt Schreibkurse u. a. am Literaturhaus Basel.

MAX DOHNER, geboren 1954 in Uetikon am Zürichsee, hat Germanistik und Philosophie an der Universität Zürich studiert und war danach Deutschlehrer. Während eines Aufenthalts in Nicaragua 1980–1985 war er als Sprachlehrer an der Zentralamerikanischen Universität (UCA), Managua, als Übersetzer und als Dolmetscher tätig. Seit 1985 ist er Schriftsteller und Journalist und arbeitet als fest angestellter Autor bei der «Aargauer Zeitung» und der «Nordwestschweiz». Er gewann zahlreiche Preise für Literatur und Publizistik. Dohner lebt in Baden und veröffentlichte Erzählungen, Feuilletons zur Liebe sowie Romane. Seine jüngster Roman «Das Glück der Flüchtigen», erschien im Braumüller-Verlag in Wien.

URS FAES, Dr. phil., geboren 1947 in Aarau, verbrachte Kindheit und Jugend im aargauischen Suhrental und ging im Internat des ehemaligen Klosters Wettingen zur Schule. Nach kurzer Lehrtätigkeit 1969 studierte er Geschichte, Germanistik und Philosophie an der Universität Zürich und promovierte. Er begann früh die Schreib- und Theaterarbeit, schrieb für Radio, Zeitungen und Zeitschriften. Urs Faes lebt als freier Schriftsteller in Zürich. Er erhielt zahlreiche Auszeichnungen, darunter zweimal den Schweizerischen Schillerpreis sowie Auszeichnungen von Stadt und Kanton Zürich.

MARKUS KIRCHHOFER, geboren 1963, lebt mit seiner Frau in Oberkulm. Seit 2013 ist er freier Autor. Zuvor war er Kulturvermittler, Lehrer und Erwachsenenbildner. Markus Kirchhofers literarische Arbeit wurde mehrfach ausgezeichnet, zuletzt mit einem Werkbeitrag der Schweizer Kulturstiftung Pro Helvetia. Jüngste Publikation: «Der Stachel – kleine Novellen» (2016).

ULRICH KNELLWOLF, Dr. theol., geboren 1942, ist Pfarrer und Schriftsteller. Er veröffentlichte mehrere Romane («Roma Termini», «Auftrag in Tartu») und Bände mit Kurzgeschichten («Tod in Sils Maria», «Im Taxi nach Bethlehem»). Im TVZ erschienen die Weihnachtsgeschichten «Ein roter Teppich für den Messias», seine Dissertation über Jeremias Gotthelfs Theologie «Gleichnis und allgemeines Priestertum», «Erfüllte Zeit», «In Leiden und Sterben begleiten» (mit Heinz Rüegger), «Wir sind's noch nicht, wir werden's aber» und im Herbst 2017 «Rede, Christenmensch!».

JÖRG MEIER, geboren 1955, ist Journalist und Autor bei der Aargauer Zeitung. Er studierte Germanistik und Pädagogik in Zürich. Jörg Meier ist auch der Verfasser der Kolumne «Meiereien», die seit 2009 in der Aargauer Zeitung erscheint. Daneben unterrichtet er am MAZ – der Schweizer Journalistenschule und ist Dozent an der Pädagogischen Hochschule Zentralschweiz (PHZ). In der Freizeit schreibt er Texte für Kinder und verfasst Theaterstücke. Oder er reist mit seinen 1000 Geschichten durchs Land.

KLAUS MERZ, geboren 1945 in Aarau, lebt als freier Schriftsteller in Unterkulm. Zuletzt erschienen seine Werkausgabe in 7 Bänden und «Helios Transport», Gedichte. Merz wurde für sein Werk vielfach ausgezeichnet, u. a. mit dem Gottfried-Keller-, dem Hermann-Hesse- und dem Friedrich-Hölderlin-Preis.

MICHEL METTLER, geboren 1966 in Aarau, lebt als Autor und Herausgeber in Klingnau. Nach Theaterarbeiten erschien 2006 sein Roman «Die Spange» (Suhrkamp). 2013 gab er mit Ladina Bezzola die Essaysammlung «Ortlose Mitte. Das Ich als kulturelle Hervorbringung» heraus (Wallstein, Göttingen), das Ergebnis einer Gastprofessur, die er 2010/2011 am Collegium Helveticum in Zürich innehatte. Zuletzt gab er an der Zürcher Hochschule der Künste 2016 gemeinsam mit Dozierenden und Studierenden den Katalog «Holy Shit» heraus (diaphanes, Zürich und Berlin).

HANSJÖRG SCHERTENLEIB, geboren 1957 in Zürich, absolvierte eine Ausbildung zum Schriftsetzer/Typografen. Seit 1982 ist er freier Schriftsteller. Seine Romane, Erzähl- und Gedichtbände wurden vielfach ausgezeichnet und in ein Dutzend Sprachen übersetzt. Er lebte zwanzig Jahre in Irland, heute in Suhr und auf der Insel Spruce Head in Maine, USA.

BARBARA SCHIBLI, geboren 1975 in Baden und im Aargau aufgewachsen, hat Germanistik, italienische Literaturwissenschaft und Publizistik studiert. Sie lebt in Zürich und arbeitet als Gymnasiallehrerin in Baden. Sie erhielt diverse Auszeichnungen, u. a. vom Kuratorium Aargau 2010 einen dreimonatiger Atelieraufenthalt in Berlin und 2013 einen Werkbeitrag; 2013 den Werkbeitrag vom Kanton Zürich; 2016 den Studer/Ganz-Preis und 2017 den GEDOK Literaturförderpreis für ihr Roman-Debüt «Flechten» (Dörlemann Verlag).

MARGRIT SCHRIBER, geboren 1939 in Luzern als Tochter eines Wunderheilers, wuchs auf in Brunnen und Küssnacht am Rigi. Jobs als Bankangestellte, Buchhalterin, Mannequin und Fotomodel waren Umwege zu dem von Anfang an gesetzten Ziel: Schriftstellerin zu werden. Sie lebt in Zofingen und in der französischen Dordogne und ist Mitglied bei Autorinnen und Autoren der Schweiz, im Deutschschweizer PEN Zentrum und bei Pro Litteris Schweiz. Von ihr sind bisher 14 Romane und 2 Erzählbände erschienen. Ihr neuester Roman «Glänzende Aussichten» erscheint im Frühjahr 2018 im Verlag Nagel & Kimche, Zürich.

BETTINA SPOERRI, Dr. phil., geboren 1968, ist Schriftstellerin und promovierte Literaturwissenschaftlerin und nun als Kulturvermittlerin und Dozentin tätig. Seit 2013 ist sie Leiterin des Aargauer Literaturhauses. In Basel aufgewachsen, studierte sie in Zürich, Berlin und Paris Germanistik, Philosophie und Musikwissenschaften. Bisher veröffentlichte sie zwei Romane («Konzert für die Unerschrockenen», 2013; «Herzvirus», 2016) und eine Erzählung für Kinder/Jugendliche («Schneller als Licht», 2016). Für mehr Details vgl. www.seismograf.ch

CLAUDIA STORZ, Dr. phil., geboren 1948 in Zürich, wohnt – seit ihre Töchter erwachsen sind – in Salzburg, Frankreich und der Schweiz. Sie studierte Anglistik in Zürich und Oxford und schloss mit einer Dissertation über Wortspiele auf Plakaten in der Londoner U-Bahn ab. Bereits während dem Studium erschien ihr erster Roman «Jessica mit Konstruktionsfehlern» (1977). Es folgten weitere, als letzter einer, der in Patagonien und der Schweiz spielt: «Quitten mit Salz». 2017 erschien ein weiterer Band mit Erzählungen: «Sperriges Leben», ihre elfte Publikation. 2018 wird das Theaterstück «Quasimodo – Tumult in Genf» zum 500-jährigen Jubiläum der Reformation in der gotischen Stadtkirche von Aarau von gegen 50 Menschen aufgeführt. Immer schon hat Claudia Storz auch mit Theaterleuten zusammengearbeitet, es ist ihr sechstes Theaterstück.

Bildnachweise

S. 10: Ablassbrief des Ablasspredigers Samson aus dem Jahr 1519 mit seinem Siegel versehen. Reproduktion aus dem Historisch-Biographischen Lexikon der Schweiz, Bd. 1, Basel 1921, S. 65; **S. 20**: Berner Disputation aus Bullingers Reformationschronik. © Zentralbibliothek Zürich; **S. 28:** Die Scheibe der Apollonia von Ballmoos im Kreuzgang von Wettingen. Original: Kloster Wettingen, Kreuzgang-Westarm Nr. IXb. Reproduktion aus: Glasmalerei im Kt. Aargau, Bd. 3: Kloster Wettingen, bearb. von Peter Hoegger, Aarau 2002, S. 131; **S. 44/46:** Illustrationen von Reto Gloor © Reto Gloor; **S. 48:** Stadtansicht von Zofingen vor 1548. © Zentralbibliothek Zürich, Chronik der Eidgenossenschaft von Johannes Stumpf, 1548, AW 40: 2, p. 237v; **S. 60:** Francisco de Zurbarán, Hl. Lukas als Maler vor dem Gekreuzigten, 1635 © Photographic Archive Museo Nacional del Prado; **S. 68:** Kathedrale St. Pierre in Genf, Wirkungsstätte Calvins (Stich von C.S. Visscher), 1641 (Photo by ullstein bild/ullstein bild via Getty Images); **S. 88:** Hieronymus Bosch, Weltgerichtstryptichon, circa 1450–1516; **S. 102:** Taufstein und Altar in der Kirche Schöftland © Markus Hässig, sinus; **S. 112:** Bildersturm aus Bullingers Reformationschronik. © Zentralbibliothek Zürich; **S. 120:** Wandmalerei Chor Unterkulm © Edith Hunziker; **S. 122:** Illustration von Reto Gloor © Reto Gloor; **S. 138:** Pietà in Wikon © Lea Felber; **S. 148:** Lieve Verschuler, Komet über Rotterdam, 1680; **S. 166:** August Biland, Sammlung und Archiv Birmenstorf